KB231845

지은이 **대니얼 도엔 실버버그**

대니얼 도엔 실버버그는 1947년 독일 바드하르츠부르크에서 태어나 4살에 뉴욕으로 이주했다. 17세에 구르지에프 전통의 스승들과 수행을 시작하여 32세에는 작고한 윌렘 닐런드에게 뉴욕 우드스탁에서 구르지에프 집단을 가르칠 수 있는 자격을 부여받았다.

뉴욕 트렘퍼 산山 선산사禪山寺 ; Zen Mountain Monastery로 들어가 타이잔 마에즈미 노사와 존 다이도 루리 노사에게 정식으로 선수행을 배우기 시작한 도엔 선생은 그곳에서 캐린 슈도 슐레싱거를 만나 1982년 마에즈미 노사의 집전 하에 결혼한다. 1980년 겐포 머즐 노사를 만난 그는 1994년 정식 제자가 되었고 2003년 전법을 받았다.

유타주 솔트레이크시티에 있는 칸제온 선원의 부주지직을 역임한 도엔 선생은 영어학 학사, 심리학 박사학위를 받았다. 또한 음악가, 심리치료사, 코치, 자문으로서 성공적인 경력을 쌓았다. 현재 '잃어버린 동전Lost Coin' 이란 이름을 가진 선수행 집단을 지도하며 가르치고 있다. 이 수행 집단의 회원은 미국과 유럽에 분포되어 있다.

그의 첫 책 《원더랜드》는 삼발라출판재단Shambhala Publications이 선정한 2010년 올해의 좋은 불서The Best Buddhist Writing 2010에 뽑혔다.

옮긴이 **진우기**

경기여고, 서울대학교 사범대학을 졸업하고 미국 텍사스 A&M 대학교에서 평생교육학으로 석사 학위를 받았다. 서양불교를 소개한 최초의 책 《달마, 서양으로 가다》를 저술했고, 불교 및 과학 전문번역가로서 《깨달음의 길》, 《힘》, 《유전, 우연과 운명의 자연사》 등 20여 권의 번역서를 출간했다. 한국불교영어번역연구원 초대원장이며 불교전문 통역사로서 '2010 간화선 국제학술회의', 'G20 세계종교지도자대회' 등을 통역했다. 참여불교재가연대, 경기불교문화원 등에서 서양불교에 대한 강연을 하고 있다.

원더랜드

Wonderland - The Zen of Alice

Copyright ⓒ 2009 by Daniel Silberberg

All rights reserved.

No part of this book may be reproduced by any means, electronic or mechanical, or by any information storage and retrieval system, without permission in writing from Parallax Press.

Korean Translation Copyright ⓒ 2010 by Jogye Order Publishing

Korean edition is published by arrangement with Unified Buddhist Church, Inc.

through Imprima Korea Agency

이 책의 한국어판 저작권은 Imprima Korea Agency를 통해
Unified Buddhist Church, Inc.와의 독점 계약으로 (주)조계종출판사에 있습니다.
저작권법에 의해 한국 내에서 보호를 받는 저작물이므로
무단전재와 무단복제를 금합니다.

앨리스의 황홀한 선禪 탐험기

윈더랜드

wonderland

The zen of Alice

대니얼 도엔 실버버그 지음 · 진우기 옮김

추천사

선禪은 개념과 말과 생각을 넘어서서 현실과 우리의 참모습을 깊이 바라볼 수 있게 해준다. 선의 역사에는 이런 과정을 돕기 위한 지혜로운 방편들이 가득하다. 그 방편에는 말을 초월하기 위한 말의 사용도 포함된다. 시, 이야기, 공안, 스승과 제자의 대화, 현존하는 선사들의 법문이 모두 말을 초월하기 위해 말을 사용한 선의 전통을 보여준다.

문학적 선문화를 보여주는 유명한 책으로 《선림구집禪林句集》이 있다. 이 어구들 대부분은 중국 시에서 인용한 것이다. 그 시와 어구, 이야기는 다른 시대와 다른 장소의 문화적 이해를 대변한다. 그리고 그것은 독자들이 공유한 문화와 지식이라는 공감대에 기대어 소통한다. 선이 서양의 해안에 닻을 내리고 서양 문화에 조금씩 스며듦에 따라 가르침을 소통하기 위해 서양에서만 통용되는 이야기와 노래, 시들이 등장하게 되었다. 우리는 자신의 문화를 깊이 바라보고, 그 문화에 우리가 얼마나 풍요롭게 연결되어 있는지 잘 살펴보아야 한다. 그리하지 않는다면 무언가 이국적인 것, 다른 장소와 시대의 것, 즉 우리 것이 아닌 것을 공부하는 격이 될 것이다.

이제 선을 우리 것으로, 선을 강하고 진실하게 만들 때가 도래했다. 대니얼 도엔 실버버그는 이 책에서 루이스 캐럴이 지은 《이상한 나라의 앨리스》라는 이야기를 통해 선을 알려준다. 우리는 책을 읽으며 마법의 굴속으로 빠져 원더랜드를 발견한 도엔과 앨리스의 체험을 함께 나눈다. 원더랜드는 알 수 없는 곳, 우리의 오래된 습관이 전혀 적용되지 않는 곳이다. 그 여행이 현실에 대한 모험이듯, 이 책 역시 동양의 근원과 지혜에 충실하면서도 참다운 서양 선의 토대를 놓는 모험이다.

앞으로 얼마쯤 시간이 흐른 후엔 선이 서양문화에 깊이 뿌리내려 우리가 평범하게 여기는 것들이나 이야기들이 선수행과 연관되기를 바라 본다. 이 책은 그런 목표로 나아가는 첫걸음이다. 도엔 선생의 창조적인 가르침과 함께하는 독자의 모험이 이 세상, 이 원더랜드를 잘 음미할 수 있게 해주기를 바란다. 그의 가르침을 세상에 펴는 일을 함께하게 되어 나 역시 참으로 기쁘고 영광스럽다.

겐포 머즐 노사

에조는 도겐 선사禪師 밑에서 공부했다. 어느 날 공부를 하던 중 이런 말을 들었다.
"머리카락 하나가 수만 개의 구멍으로 들어간다."
그는 즉시 깨달음을 얻었다.

그날 밤 그는 도겐 선사에게 가서 말했다.
"머리카락 하나에 대해선 묻지 않겠으나 수만 개의 구멍은 무엇입니까?"
도겐은 미소 지으며 말했다.
"지나갔다."
에조는 절을 했다.

《전광록傳光錄》에서

"얼마나 멀리 가느냐가 왜 중요해요?"
비늘 달린 친구가 물었다.
"저 건너편에 언덕이 또 있단다.
영국에서 멀리 갈수록 프랑스에 가까워지지. 그러니 무
서워 말고, 사랑하는 달팽이여, 이리 와서 춤을 추렴.

출래 말래, 출래 말래, 춤을 출래?
출래 말래, 출래 말래, 춤추지 않을래?"

《이상한 나라의 앨리스》에서

wonderland

●

원더랜드

들어가는 말

앨리스는 굴속으로 떨어졌다. 누구나 그러하듯 앨리스 역시 땅에 발을 단단히 붙이고 산다고 확신했다. 적어도 굴속으로 떨어진 후 그렇지 않다는 것을 알게 되기 전까지는 말이다. 하지만 앨리스가 떨어진 굴은 어디서나 볼 수 있는 그런 굴이 아니라 다른 세계로 들어가는 문이었다. 우리는 그 문 저편으로 들어가 다른 세상을 구경하는 앨리스와 모험을 함께하며 느끼게 된다. 이전에 살았던 앨리스의 삶이 실은 틀에 박히고, 규칙에 얽매인 지루한 삶이었음을…… 토끼 굴로 떨어지고 나서는 모든 것이 변해버린다. 규칙은 비틀어지고 뒤집히고 체셔고양이의 미소처럼 사라져버린다. 이제 앨리스의 삶에서나 독자의 삶에서나 이전과 같은 것은 하나도 없다.

선禪의 여정 역시 우리를 현기증 나게 한다. 낯익은 화음과 음악은 간 곳이 없고 내면에 모종의 불협화음이 가득해진다. 물론 불협화음도 화음이 아닌 것은 아니다. 다만 좀 다른 화음일 뿐이다. 하지만 불협화음으로 이루어진 음악의 진리와 아름다움을 체험하려면 앨리스는 우선 자신의 기대치를 다 포기하고 현실을 있는 그대로 받아들여야만 한다. 만약 앨리스처럼 우리도 기대치를 다 내려놓을 수 있다면 다른 차원의 진리를 보고 들을 수 있다. 나아가 우리 자신의 모습을 처음으로 명료하게 볼 수도 있다.

앨리스는 여행을 하며 온갖 경이로운 것들을 만나고 평범치 않은 인물들과 대화를 나눈다. 예를 들면 말하는 카드, 타구봉인 플라멩고, 잔인한 여왕, 사라지는 고양이 등이 있다. 앨리스에게 그렇게도 낯설고, 예측불가능하고, 터무니없다고 여겨지는 이 세계가 바로 경이의 땅 '원더랜드'이다.

우리는 삶을 살아가며 너무나 쉽게 '경이'를 잃어버린다. 이 광대하고 알 수 없는 세상과 우리네 삶이 절대로 예의 바른 논리로 환원될 수 없다는 사실을 우리는 잊어버린다. 《금강경》에서 부처님은 말씀하셨다. "이 세계는 세계가 아니다. 그래서 이름이 '세계'인 것이다." 우리 나름의 결론과 개념이 세상의 진리를 가려버린다. 세상에 대한 낡은 관념의 껍질을 벗겨 내는 것이 바로 선禪의 여정이요, 기쁨이요, 수행인 것이다. 우리도 앨리스처럼 길을 발견할 수 있다. 우리가 헤매는 그 길은 경이로움으로 가득한 길, 따스한 마음이 존재하는 길, 진실이 울려 퍼지는 길이다.

부처님은 우리의 모든 미혹이 떨어져 나가 세상을 명료하게 볼 수 있는 '피안彼岸'에 대해 자주 말씀하셨다. 《반야심경》 마지막 부분에서 우리는 이렇게 독송한다. "피안으로 갔네, 강을 건너 저쪽 언덕으로 갔네, 가버렸네." 여기서 피안이란 우리의 몸과 마음이 사라지고 만물과 하나가 되는 영역을 말한다. 역사적으로나 현재 우리 삶에서나 피안은 미래 어딘가에 있는 것으로 생각했다. 우리는 그곳에 가고 싶어하고 그래서 그곳으로 갈 계획을 세우고 방법을 연구한다. 하지만 원더랜드는 오직 지금 이 순간에 있다. 이 삶과 이 죽음에 있을 뿐이다. 우리가 끈기 있게 탐색을 계속하여 운 좋게도 토끼굴을 발견한다면 바로 발밑에서 우리만의 원더랜드를 발견할 수 있을 것이다. 사실 그것은 언제나 우리 발밑에 있었다.

하나. 굴속으로 떨어지다

"수수께끼를 풀었니?"

모자장수가 다시 앨리스를 보며 말했다.

"아니요, 포기할래요." 앨리스가 말했다.

"답이 뭔가요?"

"나도 모르지." 모자장수가 말했다.

"나도 몰라." 삼월토끼가 말했다.

우리 아들 알렉스가 열 살쯤 되었을 때였다. 당시 아이는 '맞다'라는 관념에 매우 열중해 있었다. 어느 봄날 우리는 산책을 하고 있었다. 나는 아들에게 꽃 이름을 말해주기 시작했다. "이 꽃 이름은 '붉은수염뱀'이고 저 꽃은 '푸른몽구스'란다." 얼마 후 아들은 뜨악한 표정으

로 나를 보며 말했다. "지금 이름을 지어내시는 거죠?" 나는 "아닌데"
라고 말했다. 아들은 "아니, 맞아요"라고 말했다. 그 시점부터 우리 대
화는 막상막하의 탁구경기로 돌변했다. 요즘이라면 우리 대화는 이를
테면 어떤 컴퓨터가 가장 좋은지에 대한 토론이 된다. 알렉스가 "내
생각엔 매킨토시가 더 좋아요" 하면 나는 "내 생각은 그렇지 않은
데……" 한다. 이후 한 이삼 분간 아들은 '맞아요!'로 응수하고 나는
'아니야!' 하며 받아친다. 그런 후 우리는 서로 역할을 바꾼다. 그저
상대방이 틀렸다고 말하기 위해 아들은 '아니에요!'를, 나는 '맞아!'를
외치는 것이다. 이제 알렉스는 스물아홉 살, 나는 쉰아홉 살이 되었지
만 우리는 여전히 이전과 똑같은 방식으로 서로의 의견을 놀려댄다.

이 "맞다 아니다, 맞다 아니다"가 《이상한 나라의 앨리스》에서 일
어나는 일들의 핵심에 있다. 앨리스가 땅속으로 떨어지기 전 지상의
생활에서는 규칙들이 분명했고 모든 것이 제자리에 있었다. 이야기
가 시작될 때 앨리스는 언니와 함께 강둑에 앉아 데이지로 꽃목걸이
를 만들까 생각하고 있었다. 정말 평소와 조금도 다름없는 날이었다.
그러다가 시계를 지닌 하얀 토끼를 보았고, 토끼를 따라가다 한순간
굴속으로 빠져버린 것이다. 아주 큰 굴속으로.

그렇게 떨어진 후에는 지상에서 알고 있던 모든 것이 하나도 들어
맞지 않았다. 규칙도 같은 것이 없었다. 앨리스는 몸이 커졌다 작아

졌다 하면서 이리저리 돌아다닌다. 규칙을 하나도 따르지 않는 듯 보이는 온갖 사람들을 만나면서 많은 문제가 생긴다. 그들은 이해할 수도 없고, 앨리스의 예측대로 움직이지도 않았다. 그들은 앨리스가 옳다고 또는 예의에 맞는다고 생각하는 일을 전혀 하지 않았다.

얼마 후 앨리스는 모자장수의 다과회에 간다. 모자장수는 나무 밑에 놓은 기다란 탁자에 친구인 삼월토끼, 그리고 겨울잠쥐와 함께 앉아 있다. 이상하게도 그들은 모두 탁자의 한쪽에 비좁게 앉아 있었다. 앨리스는 앉아도 되는지 물어본다.

"자리가 없어! 자리가 없어!" 앨리스가 오는 것을 보고
그들이 소리쳤다.
"자리 많잖아요." 앨리스는 화를 내며 그렇게 말하고
탁자 한쪽 끝의 커다란 팔걸이의자에 앉았다.
"와인 좀 마셔." 삼월토끼가 듣기 좋은 목소리로 말했다.

앨리스는 탁자 주변을 둘러보았지만 차 말고는 아무것도 없었다.

"와인이 안 보이는데요." 앨리스가 말했다.
"와인은 하나도 없어." 삼월토끼가 말했다.

"그렇다면 권하지 말았어야죠. 예의가 아니잖아요."

앨리스가 화가 나서 말했다.

"초대받지 않았는데 그냥 앉은 것도 예의는 아니지."

삼월토끼가 말했다.

앨리스에게는 나름대로 세상이 어떻게 되어야 한다는 생각이 있었다. 그런데 삼월토끼와 모자장수, 겨울잠쥐는 전혀 다른 눈으로 세상을 보았다. 그들 생각에는 탁자에 정말 앉을 자리가 없는 것이다. 앨리스가 보기에는 앉을 자리가 넘쳤다. 이와 똑같은 방식으로 우리는 삶을 시작하고 그 삶이 어떻게 되어야 한다는 우리만의 생각으로 행동한다. 집이라는 벽으로 우리를 둘러싸고는 하늘이 안보이게 가려버린다.

앨리스는 모자장수가 무슨 말을 하는지 알고 있을까? 우리는 어떤 당면 문제에 대한 답을 모른다는 사실을 선선히 인정한 적이 있었던가? 우리는 경이와 불확실의 상태에 살기보다는 모든 것을 다 알고, 그리고 적절한 말과 행동을 하고 싶어한다.

내가 '원더랜드'라고 부를 저쪽 언덕으로 갔을 때 우리는 '한마음'을 체험한다. 한마음은 우리가 지금까지 알던 모든 것을 지워버릴 때 체험하는 것이다. 마지막으로 떨어져 나가는 것은 우리가 세상에서 분리되어 있다는 생각이다. 일단 그 생각이 가고 나면 남아 있는 것은 하나도 없고, 그때 우리는 비로소 저쪽 언덕인 원더랜드에 서서 한마음을 체험할 수 있다. 그것을 일컫는 이름은 많지만, 그 이름들은 다 우리의 생각이 잠잠해지고 마음이 충분히 오랫동안 집중할 수 있을 때 우리가 체험하는 어떤 것을 묘사하는 방식일 뿐이다.

"그 말은 네가 그 답을 찾을 수 있다는 의미니?"
삼월토끼가 물었다.
"물론이죠." 앨리스가 말했다.
"그렇다면 네가 의미하는 바를 말해야지."
삼월토끼가 말했다.
"그러고 있잖아요." 앨리스가 급히 대답했다. "적어도…… 적어도 난 내가 말하는 것을 의미해요…… 그건 같은 뜻이잖아요."
"하나도 같지 않아." 모자장수가 말했다. "그럼 '나는 내가 먹는 것을 본다'와 '나는 내가 보는 것을 먹는다'가 같다는 거니?"
"차라리 '나는 내가 가진 것을 좋아한다'가 '나는 내가 좋아하는 것을 가진다'와 같다고 하지 그러니?" 삼월토끼가 말했다.

선수행은 우리가 가진 것을 좋아하는 수행이다. 보통 우리는 수용의 범위가 매우 좁다. 즉 우리가 가진 것을 별로 좋아하지 않는다. 무언가 다른 것을 원한다. 우리가 받을 자격이 있다고 생각하는 것이나 다른 사람들은 모두 가지고 있다고 생각하는 것을 원한다. '여기가 아닌 다른 곳에 살았더라면', '나이가 좀 더 젊었더라면', '좀 더 늙었더라면', '좀 더 똑똑했더라면', '좀 더 우둔했더라면', '좀 더 살이 쪘더라면', '좀 더 말랐더라면', '좀 더 섹시했더라면' 그러기만 했어도 삶이 훨씬 좋았을 텐데 하고 말이다.

우리에게는 특정 학교로 가라고, 모종의 직업에 종사하라고, 정해진 사람과 결혼하라고, 그리고 그것이 행복으로 가는 지름길이라고 말해주는 사람들이 있다. 그런데 여기에 단 하나 문제가 있다면 행복해 보이는 사람이 별로 없다는 것이다. 어디로 가는 건지, 무엇을 하는 건지 정확히 미리 알고 실행에 옮기고자 한 원래의 계획이 어디서부턴가 잘 맞아떨어지지 않은 것이다. 그래서 원더랜드가 우리가 생각하던 그런 곳이 아니라고 불평만 하는 것이다.

나에게도 그런 일이 있었다. 처음 선불교에 입문해서 겪은 일 중에 지금도 나를 웃게 하는 일화가 있다. 1980년 나는 뉴욕주에 위치한 선산사禪山寺에 출가하여 공부를 하고 있었다. 당시 주지스님은 타이 잔 마에즈미 노사였고 존 다이도 루리 선사가 주석하고 있었다. 절이 설립된 지 얼마 안 된 관계로 나는 종무소장 겸 가장 구참 제자를 겸 하고 있었다. 내가 맡은 일은 절 안에서 만사가 원활하게 돌아가도록 하는 것이었다. 당시 나는 고귀한 일을 하고 있다고 자부했다. 하지 만 동시에 나는 독선적이고 참을성 없고 성마른 사람이 되어가고 있 었다. 어느 날 다이도 선사가 내가 일하고 있던 종무소에 들르자 나 는 사람들에 대한 불평과 괴로움을 봇물처럼 쏟아냈다. 이 사람은 이 런 일을 해서 문제고 저 사람은 저런 일을 안 해서 문제고……

이윽고 다이도 선사는 매일 저녁 우리가 제창하는 사홍서원의 첫 째 줄이 무엇인지 기억하느냐고 물었다.

"그럼요. '중생을 다 건지오리다.'"

"맞네. 그런데 자네는 어떤 중생을 건지겠다는 것인가?" 그렇게 말 하며 내 얼굴을 살피던 선사의 얼굴에 빙그레 웃음이 번졌다.

모든 것이 어떤 모습으로 되어야 한다는 우리의 생각을 다 놓아버 릴 때 무슨 일이 일어날지 한번 상상해보라. 우리가 만들어낸 현실의 층을 하나하나 벗겨 내서 마침내 한 그루 나무는 우리가 생각하는 그 런 나무가 아니라 그저 나무일 뿐인 그런 곳에 도달할 수 있다면? '나무'는 그저 말에 불과하다. "우리는 들판을 걷고 있다." 역시 하나의 생각이다. 하지만 '들판 걷기'라는 관념에는 많은 것이 내포되어 있고 그중에는 우리가 언젠가는 걷지 못하게 되리라는 관념도 포함되어 있다. 그것은 삶과 죽음을 암시할 수 있다. 우리가 사용하는 말과 관념에는 두려움이 가득할 수 있다. 말이 나온 김에 그것들을 다 벗겨 낸다면 어떻게 될까?

우리는 어떻게 '한마음'에 도달하는가? 앨리스가 그러했듯 삶은 우리에게 길을 가리켜 주는 성자와 도인들을 만나게 해주었다. 단지 우리가 그들을 볼 수만 있었다면 말이다.

좌선과 걷기 명상, 일상생활에서 깨어 있기 등의 수행을 하는 것은 우리 주변에서 일어나는 일들을 볼 수 있는 틈과 여유를 서서히 만들어가는 일이다. 우리가 숨을 쉴 수 있는 여유 공간, 굴이라 부를 수도 있고, 흰 토끼가 불쑥 튀어나올 수 있는 그런 공간을 만드는 것이다. 긍정적 또는 부정적으로 보이는 사람들이나 사건들이 수행의 기회가 되고 삶에 대한 이해가 자랄 수 있는 계기가 된다. 이윽고 우리는 삶이 주는 모든 체험들을 환영할 수 있게 된다.

우리는 흔히 안전이라는 허상을 유지하기 위하여 두려움을 사용한다. 하지만 그런 종류의 안전은 삶을 닫아버릴 뿐이다. 여기 원더랜드에 더 가까이 다가갈 방법을 소개한다. 그것은 잠시 앉아서 숨을 쉬는 것이다. 하루에 몇 번씩이나 두려움과 불안을 느끼는지 알아차려보라. 노트를 곁에 두고 두려움이 일어날 때마다 적어보는 것도 좋겠다. 그렇게 두려움이 올 때마다 그저 멈추고 앉아보라. 그리고 숨을 쉬며 알아차려보라.

자신의 두려움을 알아차리는 것은 놀라운 일이다. 눈을 크게 뜨고 "지금 무슨 일이 일어나는 건지 나는 하나도 모르겠어. 하지만 경이를 가져와 봐라. 영원을 가져와 봐라. 내가 모르는 미지의 그것을 가져와 봐라!"라고 말할 수 있으려면 자각과 용기가 필요하다. 그런 혼란과 소용돌이에 마음을 열 때 우리는 작은 '인지'의 조각들을 얻는다.

> 모자장수는 한숨을 쉬며 말했다. "항상 차를 마실 시간
> 이라서 그릇을 씻을 짬이 없어."
> "그래서 계속 옆으로 옮겨 앉는 거예요?"
> 앨리스가 말했다.
> "바로 그거야. 그릇을 사용하고 나면 바로 옮겨 앉지."
> 모자장수가 말했다.

그래서 앨리스가 앉을 자리가 없었던 것이다. 그들에게는 사물을 보는 나름의 방식이 있고 그것은 앨리스의 방식처럼 나름 잘 돌아가고 있다. 그들의 시간은 항상 여섯 시이고 그래서 항상 차를 마실 시

간인 것이다. 그래서 그들은 탁자에 앉고 찻잔 등의 집기를 한 번도 치운 적이 없다. 그들은 계속하여 새로운 자리, 새로운 찻잔세트로 옮겨 앉는다. 그리고 또다시 새로운 자리와 찻잔세트로……

　이것은 우리가 사람들과 관계를 맺는 방식과 별반 다르지 않다. 처음 아내 캐린과 사귈 때 나는 이전에 다른 여성들과 사귈 때와 별로 다르지 않으리라 예측했다. 그런데 캐린은 조용한 사람이었고 어쨌든 그것이 내게는 문제로 느껴졌다. 나는 좀 더 많은 대화를 원했기 때문이다. 어느 날 비교적 먼 거리를 차를 타고 가던 중 나는 별로 말이 없는 그녀에게 화를 냈고, 캐린은 자기가 원래 조용한 사람임을 상기시켜 주었다. 그러고는 상냥하게 자기를 그냥 그대로 받아줄 수는 없느냐고 물었다. 어찌어찌해서 그 순간 나는 그럴 수 있게 되었다. 이후 27년간 아내의 고요한 향기는 우리의 삶과 수행을 지켜주었다. 사람들을 만날 때마다 적용했던 선입견, 저항감과 습관적 행동을 마침내 뒤로하고 나는 캐린이라는 마법을 볼 수 있게 되었던 것이다. 그 사건은 그녀와의 삶에서 내게 북마크 같은 것이 되었다. 나는 자주 그곳으로 되돌아갔다. 그것은 또한 수행이다. 지속적으로 우리의 관계, 사람들과 나의 관계에 감사하는 마음을 발전시키는 방법이다.

　우리는 오늘을 살고 있다. 그중 다수는 끼니 걱정을 하지 않고 살아도 되는 사람들이다. 그리고 날씨는 아름답다. 몇 가지만 없앨 수 있다면 매일매일이 좋은 날이 될 수 있다. 나쁜 일이 일어난 날까지도……. 우리가 처하게 된 이 멋지고 뒤죽박죽인 삶을 그 모든 고통 및 행복과 함께 진실로 볼 수만 있다면, 우리가 원더랜드에서 살고 있다는 사실을 받아들이고 심지어 그 여행을 즐기게 될 수도 있다.

우리는 대체로 앨리스처럼 다른 사람이 우리를 행복하게 해주고 우리 정의에 따라 이해가 되는 행동을 하게 만들려고 기를 쓴다. 하지만 그렇게 해줄 사람은 없다. 나 역시 다음 구절을 매일 상기해야만 한다. "다른 사람의 인생은 나를 행복하게 해주려고 있는 것이 아니다." 만약 우리가 주변 사람들을 있는 그대로 받아들인다면 어떤 관계가 될까? 모든 것에 '오케이' 하는 마음처럼 우리를 변하게 하는 것은 없다. 사람들을 변화시키려 하고, 규칙을 정해놓고 사람들을 우리 마음에 들도록 몰고 가려고 안달하는 것은 전혀 효과가 없다. 그런다 해서 친구들이나 가족에게 더 가까워진 느낌이 들지도 않는다. 남들을 바꾸려 하지 말고 그들을 있는 그대로 받아들여보라. 심지어 그들이 행복하도록 우리가 노력해볼 수도 있다. 그렇게 하면 그들이 좋아할 것이다. 그들 역시 '다른 사람들의 인생은 나를 행복하게 해주기 위해 존재한다'고 생각할 테니까 말이다.

앨리스는 겨울잠쥐와 정상적인 대화를 원했고 그래서 이제는 말이 되는 소리를 해야 할 때라고 확신했다.

"옛날에 세 자매가 있었어." 겨울잠쥐는 매우 서두르며 말을 시작했다. "그 애들 이름은 엘지, 레이시, 틸리였어. 그 애들은 우물 밑에 살았는데—"

"무얼 먹고 살았는데요?" 먹고 마시는 문제에 항상 큰 관심을 보이는 앨리스가 물었다.

"당밀을 먹었어." 잠시 생각을 한 후 겨울잠쥐가 말했다.

"그럴 수는 없었을 텐데요." 앨리스가 부드럽게 말했다. "그랬다면 그 애들이 아팠을 거예요."

"그랬지. 매우 아팠어." 겨울잠쥐가 말했다.

"하지만 그 애들은 우물 속에 있었잖아요." 앨리스가 겨울잠쥐의 마지막 말을 흘려버리며 말했다.

"물론 그 애들은…… 안에 잘 있었지." 겨울잠쥐가 말했다. 가엾은 앨리스는 이 대답에 너무 혼란스러워져 겨울잠쥐가 한동안 떠들어대는 것을 그냥 듣고만 있었다.

"그 애들은 그림 그리기를 배우고 있었어." 겨울잠쥐는 말을 하며 졸음을 참느라 눈을 부비고 하품을 해댔다. "그리고 그 애들은 온갖 것들, 바로 'M'으로 시작하는 모든 것들을 그렸어."

"왜 하필 'M'이죠?" 앨리스가 말했다.

"안 될 건 또 뭐야?" 삼월토끼가 말했다.

공안公案은 선수행에서 사용하는 도구이다. 공안은 지성이 아니라 지혜를 사용하여 경험적으로 답해야 하는 질문이다. 공안은 대체로 오래전 선사와 제자가 나누었던 대화의 기록에서 발췌한 것이다. 공안이라는 이름은 법률용어 같은 느낌이 들지만 실은 어느 정도 보편적 이해가 이루어진 무언가를 지칭한다.

공안은 우리에게 지성을 뒤로하고 떠날 기회를 주는 질문이다. 마치 저 하늘로 날아갈 기회가 주어진 것과도 같다. 공안의 정신을 바로 살려 참구하면 자아의 이론적 허구를 잊어버리고 공안이 가리키는 더 큰 자아와 함께할 수 있다. 그렇게 계속하면 머지않아 삶 자체가 공안 수행이 된다. 즉 우리의 관점을 버리고, 대신 수행 과정이나 스스로 만들어낸 이야기 때문에 그동안 거부했던 사람들이나 사건들을 수용할 수 있게 된다. 공안은 다양한 형태의 대화나 시구로 표현되지만 그 핵심은 하나의 질문으로 압축될 수 있다. 자아는 무엇인가? 나는 누구인가? 모든 공안은 우리가 깨어나서 원더랜드를 볼 기회가 된다.

지난 25년의 수행과정에서 나는 700여 개의 공안을 수행했다. 우리에겐 공안 타파 외에도 극복해야 할 문제가 더 있었다. 아침 일찍 독참이 있다는 고지가 있으면 모두 선방에서 뛰어나와 줄을 선다. 서로 밀고 밀리며 그 줄에 합류하는 특권을 누리기를, 그래서 아마도 스승과 일대일로 독참실에서 만나기를 바라며 말이다. 마에즈미 노사가 독참실에 앉는 경우엔 더욱 난관이 많았다. 길고 긴 줄에 서서 기다리다가 마침내 방 안으로 들어가면 노사는 심한 일본식 악센트가 섞인 영어로 알아들을 수 없는 말을 그것도 작은 소리로 속삭였다. 나는 몇 번이고 다시 한 번 말씀해 주십사고 부탁해야만 했다. 창밖에는 새가 울고 벌레는 윙윙거리고 시냇물은 졸졸 흘러갔다. 그 모든 소리가 노사와 나의 공안과 뒤섞였다. 그것은 방향 감각을 잃게 하는 주문과도 같았다. 아마도 앨리스가 토끼 굴로 떨어질 때 그와 비슷한 느낌이었을 것이다.

이런 공안도 있었다. "세상은 광대하다. 우리는 왜 종소리가 나면 7조 가사를 입는가?"

이 질문은 이렇게 번역될 수 있다. "우리는 자유롭다. 왜 자신을 묶어두는가?" 하지만 좀 더 깊이 보면 이 질문은 우리를 더 많은 질문으로 이끌어간다. 우리가 사물에 대해 익숙해진 사고방식은 아주 많고 언어 사용에서도 당연시하는 것들이 많다. 공안의 목적은 언어와 우리 주변세계를 당연시하는 습관을 깨우는 일이다.

비의 의미는 무엇인가? 우리는 왜 숲 속을 걷는가? 불교에서는

'무목적'이라 불리는 것을 닦는다. '무목적'이란 우리가 존재하거나 행동할 때 다른 목적이나 동기, 야망이 없이 오직 존재하고 행동하기 위하여 그리하는 것이다. 그저 가사를 입기 위해 가사를 입는 것이다. 그저 사랑하기 위하여 사랑하는 것이다.

> 겨울잠쥐는 이제 두 눈을 감고 잠 속으로 빠져들고 있었다. 하지만 모자장수에게 꼬집히자 낮은 비명을 지르며 깨어나서는 말을 계속했다: "— 'M'으로 시작하는 말은 쥐덫mousetrap, 달moon, 기억memory 그리고 많음muchness—왜 어슷비슷하다much of a muchness고 하잖아—너는 '많음'을 그린 그림을 본 적이 있어?"
>
> "그렇게 물어보니까 말인데요," 매우 혼란스러운 앨리스가 말했다.
>
> "내 생각에는—"

'많음muchness'은 불교에서 말하는 '여여suchness'의 또 다른 표현이다. 즉 개념적 사고가 침입하고 분리하고 판단하고 부연설명하기 이전의 '있는 그대로의 실재'를 이야기한다. 예를 들면 하얀 눈이 내릴 때 우리는 그저 눈을 본다고, 눈의 '여여함'을 본다고 생각한다. 하지만 그것에 이름을 주어 '눈'이라는 범주에 넣고 나면, 이제 눈에 대한 기존관념이 있기 때문에, 눈이라는 사물 자체에 필터를 씌운 격이 되어 '여여'를 온전히 체험할 수 없게 된다.

마음은 온갖 분리를 만들어낸다. 하지만 우리가 마음이라 부르는 것조차도 우리가 이해할 수 없는 것, 또는 유무有無, 대소大小, 개인과 집단의 범주에 넣을 수 없는 무언가를 가리키는 단어일 뿐이다. 그러므로 한 사람의 어리석음은 다른 사람의 어리석음과 똑같이 훌륭하다. 한 사람이 만들어낸 현실은 다른 누구의 현실과 마찬가지로 훌륭하다. 단 하나 예외는 있다. 다른 사람을 해하거나 그들을 소외하거나 고통을 주는 현실을 만들어낸다면 그런 현실관은 결과를 일으킨다. 즉 하나의 현실관이 또 다른 현실관과 분리된다. 개개의 개념은 다른 결과를 가져온다.

이것이 바로 업(카르마)의 의미다. 업은 흔히 지나치게 마술처럼 설명되거나 또는 지나치게 단순한 것으로 이해된다. 나는 업을 그저 인과因果로 생각하고 싶다. 인과는 개인에게만 국한된 것이 아니다. 국가도, 시대도, 관념도 다 인과를 만들어낼 수 있다. 삶에서 우리가 분명히 알게 되는 것은 우리가 남에게 하는 행동이 우리가 그들에게 받는 것과 많은 관련이 있다는 것이다. 남들에게 배려와 친절을 베푸는 것은 그들을 기쁘게 할 뿐만 아니라 우리 자신도 변화시킨다. 우리에게 일어나는 모든 불유쾌한 일이 다 남의 잘못 때문이라는 생각을 버리는 순간 모든 것이 달라진다.

어릴 때 나는 공을 튕기면서 다음과 같이 알파벳을 외곤 했다. "A, 내 이름은 앨리스Alice, 남편 이름은 에이브러햄Abraham, 우리는 알래스카Alaska에 살고, 사과apple를 판다." "B, 내 이름은 바바라 Barbara, 남편 이름은 밥Bob, 우리는 보비나Bovina에 살고, 거품 bubble을 판다." 이 어린이 놀이는 우리가 주류 미국사회에 합류하기 위한 예행연습이라 할 수 있다. 우리는 자신에게 이름을 붙인다. 나는 의사다, 변호사다, 컴퓨터 프로그래머다, 엄마다, 아빠다 등등. 그런데 그 어떤 것도 우리의 진짜 모습이 아니라면? 우리가 누구라는 기존관념이 하나도 없이 아침에 눈을 뜬다면?

수행하면서 우리는 나를 잊어버리는 것이 다르마를 깨닫는 것이라고 말한다. 다르마는 '가르침' 또는 '진리'를 뜻하는 말이다. 또한 맥락에 따라 다른 의미가 있을 수도 있다. 우리의 법맥은 5세기 중국까지 거슬러 올라가고 그때의 훌륭한 스승들은 모자장수와 그 친구들이 앨리스에게 했던 것과 같은 일들을 고의적으로 제자들에게 하곤 했다. 생각을 끊게 하려고 말이다. 사람들에게 가장 행복했던 때를 떠올리라 하면 흔히 친구와 함께한 시간, 자연 속의 산책이나 바다에

서의 수영 등을 말한다. 하나같이 그들의 마음이 생각을 초월해 존재
했던 상태이다.

영화 〈형사 세피코(SERPICO, 1973)〉를 보면 뉴욕의 경찰관이 젊은 여
자를 만나서는 "무슨 일을 하십니까?"라고 묻는다. 그러자 그녀는
"나는 배우고, 댄서고, 작가고, 불자입니다"라고 대답한다. "B, 내 이
름은 밥Bob이고 나는 불자Buddhist다." 하지만 부디 불자가 되진
말기 바란다. 자신이 불자라고 확신하는 순간 자신이 그 순간 될 수
도 있는 것들을 보지 않게 된다. 달마대사에게 우황제가 누구냐고 물
었을 때 대사는 "모르오"라고 대답했다. 달마대사는 불교를 인도에
서 중국으로 가져간 전설적 인물이다. 그는 110세까지 살았다고 한
다. 수년 동안 석굴에서 참선한 그는 매우 용감하고 진실한 사람이었
다. 그는 진리를 그저 말한 것이 아니라 거대한 독수리가 하늘로 비
상하듯 그렇게 진리를 노래했다.

불교는 우리를 부처로 만들어주지 않는다. 누구도 우리를 부처로
만들어주지 않는다. 우리는 이미 부처다. 부처는 깨어난 사람을 의미
한다. 깨어나려면 우리는 무엇을 해야 하는가? 지금 이 순간 깨어 있
으면 된다.

지금 이 순간 깨어 있으라는 것은 마음이 만들어내는 끝없는 수다
를 멈추라는 뜻이다. 그 수다는 대부분 서글프게도 별로 유쾌하지 않

은 것들로써 대체로 두려움, 남 탓, 분노 등이다. 나는 학생들에게 생각을 끊는 수행을 자주 행하라고 당부한다. 처음으로 생각을 끊었던 때를 나는 지금도 기억한다. 무엇을 해야 할지 모를 때, 문제에 대한 답을 모를 때 내가 그저 멈출 수 있다는 것은 얼마나 자유로운 느낌이었는지 모른다. 나는 깨어날 수 있었다. 그런 체험은 나를 더욱 수행에 전념토록 했다.

하지만 모든 관념을 그대로 가지고선 깨어나기 어렵다. 그래서 무언가 상기시켜주는 것, 부드럽게 떠밀어주는 것이 필요하다. 밖에서 산책할 때는 나무와 태양이 멈추라고, 깨어나라고 상기시켜 줄 수 있다. 눈이 내리거나 바람이 불면 그 역시 상기자의 역할을 한다. 집에 돌아왔을 때 누군가가 미소로 반겨준다면 그 역시 기분 좋은 상기자의 역할을 한다. 매순간 우리를 둘러싼 것들, 우리의 눈과 귀로 쏟아져 들어오는 선물들을 음미할 수 있다.

나는 아내를 30여 년 전 선산사에서 만났다. 얼마 후 우리는 절에서 멀지 않은 심심산골의 에소퍼스 하우스로 이사했다. 미국 북동부의 겨울은 매우 추웠고 에소퍼스 하우스는 작고 웃풍이 심했다. 작은 장작 난로 하나로는 따스한 밤을 지내기 어려웠다. 우리는 매일 아침 일찍 일어나서는 길을 걸어 내려가 절에서 하는 아침 명상에 참석했다. 길 건너편 에소퍼스 계곡으로는 계곡물이 흘러내렸다. 어느 날 아침 미닫이문을 열고 밖으로 나온 우리는 우레와 같은 물소리와 마주했다. 봄을 맞은 에소퍼스 계곡에서는 한껏 불어난 물이 어둠 속에서 자유를 노래하며 흐르고 있었다. 당시 세상에는 그 계곡물 외에는 아무것도 없었다. 캐린과 나는 경이로움에 떨며 서로 바라보았다. 우리는 여기도, 저기도 그 어느 곳에도 없었다. 우리는 자신을 잊어버렸다.

우리가 이런 원더랜드를 한 순간이라도 접할 수 있다고 가정해보자. 그런 다음 우리는 앨리스처럼 낯익은 세계로 되돌아온다. 우리는 무엇을 할 수 있을까? 우리가 더이상 그 무엇에도 저항하지 않는 순간이 있다 하자. 우리는 무엇을 할 것인가? 아마도 대부분은 한마음을 계속 지니려 할 것이다. 심지어 다른 사람에게 한마음에 대해 말하며 한마음의 진리를 이해시키려 할 수도 있다. 또는 그들에게 세미나나 참선에 오라고 격려할 수도 있다.

하지만 우리가 이런 일들을 한다면 우리는 또다시 원더랜드를 잃어버린 것이다. "나는 무슨 일이 일어나는지 알고 있어. 나는 불자야"라고 생각하기 시작한다면 우리는 너무 단단히 붙드는 것이다. 순간의 경이를 계속 유지하는 유일한 방법은 그것을 놓아버리는 것이다.

우리는 모두 자신이 선택하지 않았는데도 특정한 삶을 살고 있다고 생각한다. 인간의 삶을 의식적으로 선택하는 일은 심오하고 아름다운 수행이다. 경이로움과 접하려면 어디에 있든 진정 그곳에 있어야만 한다. 경이의 자리는 우리가 지금 있는 자리와 절대 다를 수 없다.

삶의 경이는 손을 씻고 숨을 쉬고 산책을 하고 일을 하는 것처럼 우리가 매일 체험하는 것들이다. 여기 말고 달리 갈 곳은 없다. 우리는 그것을 이해하지 않고도 그곳에 자신을 온전히 던져 넣을 수 있을까? 우리가 왜 7조 가사를 입어야 하는지 꼭 알아야만 할까?

대여섯 살 무렵 나는 일리노이주 댄빌에 살았다. 엄마는 종종 나를 데리고 친구 집에 가곤 했는데 그때마다 나를 정원에 앉혀놓고는 친구와 이야기를 하셨다. 그 정원에서 나는 마치 영원처럼 느껴지는 시간 동안 경이로움에 잠겨 있었다. 주변은 온통 색채와 형상의 향연이었다. 꽃 속을 들여다보면 색채는 또 한 번 변하곤 했다. 진정 매혹의 시간이었다. 그 체험은 지금도 내 마음에 생생하다. 그리고 그 체험은 붉은 바위에도 세이지 잎에도 아내의 얼굴에도 있다. 경이를 회복하고 경외심을 맛보는 것, 그것이 바로 선수행이다.

둘. 넛

유명한 희극배우 레니 브루스는 진솔하고 거침없는 말을 쏟아내는 사람이었다. 그는 사람들의 위선과 거짓을 파헤치고자 금기의 말들을 사용하여 곤경에 처하곤 했다. 선수행을 제대로 하려면 선과 함께 굴속으로 깊이 들어가야 한다. 즉 낯익은 세상에서 기꺼이 쫓겨나야만 한다. 레니 브루스는 사람들이 '넛'을 가지고 있다고 말했다. '넛 Nez'은 '선Zen'을 거꾸로 한 말이다. 우리는 대부분 삶의 매 순간을 넷 속에서 보낸다. 우리는 생각한다. "이것 하나만 바꾼다면 모든 게 좋을 텐데. 내가 견성할 텐데." 넷은 "~만 된다면"이라는 후렴구를 끝없이 되풀이하는 것이다. 이것 하나만 변한다면, 저 사람이 변한다면, 사람들이 나를 이해한다면, 그런다면…… 가짜 거북은 〈바닷가재 카드리유〉를 노래한다.

안 춰, 못 춰, 안 춰, 못 춰, 춤을 안 춰.
안 춰, 못 춰, 안 춰, 못 춰, 춤을 못 춰.

예를 들어 스승과 공부를 하는데 스승에게 짜증이 났다고 하자. 스승은 우리에게 변해야 한다고 말한다. 물론 우리도 변하려고 스승을 찾았지만 스승은 우리 생각에 잘못된 변화를 하라고 종용한다. 예를 들면 남들을 비난하지 말라, 화내지 말라, 두려워하지 말라, 캘리포니아로 이사 간다 해서 삶이 더 나아지리라고 생각하지 말라(물론 나아질 수도 있겠지만) 등등을 말한다. 우리는 혼자 생각한다. '아, 지겹도록 들은 그런 말은 이제 좀 그만하고 내가 깨닫도록 도와준다면 얼마나 좋을까.' 그것이 바로 '넷'이다.

"여기서 어느 길로 가야 하는지 알려 줄래?"

"그건 네 목적지가 어디냐에 전적으로 달려 있지."

고양이가 말했다.

"어디로 가든 별 상관없는데……" 앨리스가 말했다.

"그렇다면 어떤 길로 가든 상관이 없지."

고양이가 말했다.

스포츠든 음악이든 그 무엇이든 훈련에서 오는 혜택이 있다면 그 것은 훈련 과정이 자신의 의견을 내세우기보다는 연습을 하는 장이 라는 것이다. 우리는 달리기, 수영, 악기를 배우는 데 집중한다. 훈련 중 충분한 발전을 저해하는 이유를 분석하기도 하지만 이는 단지 그 분석이 실기를 발전하게 해주기 때문이다.

한때 나는 세션 연주자로 일한 적이 있다. 스튜디오 작업이 급료가 높아 좋긴 했지만 운동선수와 마찬가지로 엄청난 스트레스 속에서 작업해야만 했다. 만약 내가 맡은 악기 부분에서 조금이라도 실수하 면 전체가 그 곡을 다시 연주해야 하고 그런 경우 제작자에게 500달 러가 더 들어간다. 그렇게 몇 번 실수하면 곧 실직자가 되어버린다.

선수행은 정적인 것이 아니다. 만약 삼십 년을 수행했다면 어떤 방 식으로든 수행의 결과가 드러날 것임을 우리는 알고 있다. 아무것도 변하지 않은 채 그저 매년 앉아서 좌선을 하는 것이 아니다. 수행의 삶을 사는 우리에게 어떤 책임이 있는지 잘 알려주는 공안이 있다.

> 호엔 노사가 말했다. "석가모니불도 미륵불도 다 그의 하
> 인이다. 이제 말해보라! 그는 누구인가?"

석가모니불은 역사에 존재한 과거의 부처님이고 미륵불은 미래의 깨달으신 분이다. 이 질문을 우리와 상관없는 것으로 제쳐놓아서는 안 된다. '부처'나 '깨달은 사람'이라는 말이 나오는 순간 우리가 읽고 있는 가르침이나 듣고 있는 법문은 갑자기 멀고 이국적인 것, 나의 능력을 넘어선 어려운 것이라는 생각이 든다. 이 공안은 바로 그 점을 알려주려는 것이다. 여기서 '그'가 누군지 알겠는가? 그렇다, 바로 '당신'이다.

이 공안은 자아의 심층, 자아의 바다를 가리키고 있다. 13세기 공안 모음집인 《무문관》에 나오는 시가 하나 있다.

> 다른 사람의 화살을 당기지 말라.
> 다른 사람의 말을 타지 말라.
> 다른 사람의 잘못을 변명하지 말라.
> 다른 사람의 일에 관여하지 말라.

그렇다면 선에서는 책임감과 가르침을 삶에 구현하고 싶은 마음과 수행 그 자체가 되고 싶은 마음이 언제 일어나는가? 우리가 '수행의 기쁨을 위한 수행을 하는 순간' 바로 느낄 수 있다. 그런 자유, 즉 자신을 구속할 수 있는 사람은 오직 자신뿐이며 자신의 한계와 고통은 남의 잘못 때문이 아니라는 것을 아는 데서 오는 자유가 나타나지 않는다면 우리는 수행을 하지 않는 것이다. 아마도 그저 가부좌를 틀고 참선하는 것이 좋거나 향을 좋아하는 것이다, 아마도 고통을 느끼면 무슨 발전이 있다고 생각하는 것이다. 우리는 수행을 하는 것이 아니라 수행하기를 생각하고 있는 것이다. 도겐 선사는 12세기의 저서 《정법안장》에서 말했다.

불도를 공부하는 것은 자신을 공부하는 것이다.
자신을 공부하는 것이란 자신을 잊어버리는 것이다.
자신을 잊어버리는 것이란 만물에 의해 깨닫는 것이다.
그러므로 우리는 그 어떤 것에 의해서도 깨달을 수 있다.

여기서 첫째 줄에 나온 '자신을 공부하는 것'이 중요하다. 이 말은 우리가 자신이 무엇을 하는지 보아야 한다는 것이다. 도반들과 함께 좌선을 계속한다면 조만간 자신이 하는 행동을 보지 않을 수 없게 된다. 그것이 바로 진정한 선수행이다. 그저 매일 아침 습관적으로 좌선을 하고 나서는 남을 비난하거나 자신의 삶에 문제가 일어나는 순간 달아나 버린다면 그것은 수행이 아니다. 이런 문제나 좌절감이 수행과 아무런 상관이 없는 척하는 것은 '자신을 공부하는 일'을 피하는 것이다. 우리는 흔히 너무 깨달음에만 집중한 나머지 자신을 진지하게 마주하여 제대로 청소하는 일을 피하는 경우가 많다. 이 일은 진흙 레슬링과도 같고 여기서 진흙은 바로 우리다. 나 역시 진흙이다. 우리는 모두 우리가 내뿜는 질투, 분노, 두려움의 진흙탕 속에 있다. 깨달음은 다른 곳에 있는 것이 아니라 바로 이런 것을 알아차리는 마음에 뿌리를 박고 있다.

우리가 행동하고, 감정적으로 반응하고 사고하는 방식은 그저 기계적일 뿐 의식적이지 못하다. 습관에 깊이 뿌리박은 이런 방식들은 남들뿐 아니라 우리 자신에게도 고통을 가져온다. 바로 스승이 중요해지는 시점이다. 어떤 사람들은 선수행을 좋아하겠지만 대부분 그렇지 않을 것이다. 하지만 이미 말했듯이 이보다 더 좋은 일은 없다. 나는 공부할 때 '헌신'이라는 말을 많이 배웠다. 헌신한다는 것은 무슨 뜻인가? 우리도 대충 알긴 한다. 내가 열여섯 살 때 들었던 에벌리 브라더스의 〈당신에게 헌신하며〉라는 노래가 생각난다. 나는 길모퉁이에서 친구들과 함께 자동차에 기대어 서서 차 안에서 흘러나오는 노래를 듣고 있었다. 새로운 음악, 새로운 메시지를 기대하면서. 물론 이들이 말하는 헌신은 분명 사랑에 관한 것이었다.

해가 가면서 우리의 사랑도 자라겠지.

강처럼 흐르겠지.

그때까지 나는 언제나

당신에게 헌신하리.

젊은 시절 우리는 누군가와 매우 가까워진다. 자신의 마음이 무엇에 헌신하는지도 잘 모른 채 결혼도 한다. 우리는 성적인 소통과 사랑을 즐긴다. 이는 물론 자연스러운 일이고 세상은 그것을 필요로 한다. 우리는 꽃과 같다. 세상은 우리가 꽃을 피우기 바란다. 하지만 우리는 진정 무엇에 헌신할 수 있을까?

'헌신한다'는 것은 '하나가 된다'는 것이다. 우리는 우리의 삶에 헌신할 수 있고 그리고 우리의 죽음에 헌신할 수 있다. 삶의 매 순간이 오직 깨달음일 뿐이다. 우리네 삶의 매 순간밖에는 가르침이 없다. 그 순간에 헌신하는 것, 그 순간에 임하고 그 순간을 깨닫고 음미하는 것이 바로 법이고 가르침이다. 삶의 매 순간을 음미한다 해서 오직 그 순간을 위해 살라는 것은 아니다. 그 순간을 꼭 움켜쥐고 최대의 즐거움을 쥐어짜 내라는 것이 아니다. 삶의 매 순간을 음미하려면 삶과 죽음에 대한 자각이 늘 함께해야 한다.

불교의 기본 교리 중에 '삶은 고통'이라는 것이 있다. 우리는 나이 들고, 병들고, 죽는다. 사랑하는 사람들을 잃는다. 그런데 우리가 '삶이 고통'이라는 것이 나와 관계없다고 생각하는 것은 지금 즐겁게 살고 있기 때문에, 특히 아직 젊어 우리가 잠시 지나가는 존재가 아니라 불사의 존재처럼 느껴지기 때문에, 그리고 특히 부유한 사회에 살고 있기 때문이다. 하지만 날씨가 더 더웠더라면, 더 추웠더라면 좋을 텐데, 이 사람이 나를 이렇게 대하지 않았더라면, 국이 너무 짜지 않았더라면, 유타주에 살지 않았더라면 좋았을 텐데 하는 잠시 지나가는 생각들도 고통을 일으킨다. 부처님의 진정한 몸인 법신, 우리의 진정한 몸은 텅 빈 하늘과도 같다. 그것은 형상이 일어남에 따라 사물에 반응한다. 달을 한번 생각해보라. 달은 자신이 달인지 모른다. 달은 가득 차고 그 빛은 구석구석을 비춘다. 마찬가지로 우리네 삶이 닿지 않는 곳은 없다. 나의 삶은 달과 꽃과 사람들을 포함하여 나의 삶이 아닌 모든 것들로 이루어졌다.

애쓰지 않고도 달은 상황에 따라 다르게 몸을 나툰다. 호수에 비칠 때 달은 크게 보이고 빗방울에 비칠 때는 작게 보인다. 깨달음은 자신이 처하는 상황에 알맞게 변한다. 비록 우리네 삶이 영원토록 만물의 일부라 하더라도 그것은 상황에 따라 특정한 시간에 나타난다. 지금 현재 당신이 이 책을 읽는 동안 당신의 삶은 구현되고 있다. 이것이 원인과 결과이다. 읽기를 마치면 당신의 삶은 업에 따라 여전히 계속될 것이다. 우리는 우리 우주의 중심이다. 비록 우리가 우리의 업을 다 볼 수 없다 해도 여전히 그것은 우리의 업이다. 아무도 우리가 깨달은 마음을 최대한 발휘하며 사는 것을 막지 않는다. 그것이 지금 여기서, 지금 이 시간 드러나는 우리의 업과 하나가 되는 것이다.

　도겐 선사는 조동종에서 가장 중요한 인물로 평가된다. 그의 글은 심오하고 아름답다. 여기 《정법안장》에 나오는 〈달〉의 일부를 소개한다.

　　　물에 비친 달은 여여하다. 그것은 물의 여여, 달의 여여,

　　　내면의 여여, 여여의 내면이다. '여여'는 '어떤 것과 같다'

　　　는 의미가 아니다. '여여'는 '있는 그대로'라는 의미다.

　너무나 명쾌하고 아름답다. '여여'는 '이것과 같다'는 의미가 아니다. '저것과 같다'는 의미도 아니다. 지금 이 순간 우리의 삶은 '여여'하다. '이것과 같다'거나 '저것과 같다'고 생각하는 것은 바로 우리의 삶인 지금 이 순간에서 멀어지는 것이다. 도겐 선사는 이런 일

을 생명을 잃는 것이라 말했다.

나의 스승 겐포 노사老師는 선수행에 몸을 바쳐 헌신한다. 다이도 노사 역시 그의 존재 전체를 수행에 바쳤다. 두 사람은 함께 수행했다. 단기 안거를 할 때면 두 사람은 자주 방을 함께 사용했다.

단기 안거는 일본에서 '섭심攝心' 이라 부르는데 '마음을 안정시킨다' 는 말이다. 다이도 노사는 겐포 노사를 '선수행 선수選手' 라고 불렀다. 사람들이 새벽 4시 반에 일어나 좌선을 하러 선방에 들어가 보면 겐포 노사는 이미 한 시간째 정진 중이었기 때문이다. 그것이 헌신이다. 헌신은 몸으로 실천하고 마음으로 책임지는 것이다.

마에즈미 노사는 강하면서도 부드럽고 예민한 데가 있었다. 그에겐 수치심이 전혀 없었다. 그래서 제자들에게 제발 수행을 하라고 애걸했고, 이윽고 그 제자가 수행을 하면 고맙다는 말을 되풀이했다. 언젠가 내가 노사께 가서 일주일 정도를 함께했을 때 노사는 내게 고맙다는 말을 최소한 50번은 했을 것이다. 그리고 나서 또 말씀했다. "나는 자네가 스님이 되면 좋겠어. 그래, 스님이 되게. 인생을 낭비하지 말게. 이 아름다운 법을 실망시키지 말아. 법에 헌신하기 바라네."

이런 헌신이 우리의 법맥을 살아 있게 한다. 옛 선사들은 우리가 모두 바로 여기서, 바로 지금 우리의 삶을 있는 그대로 깨닫도록 해주는 일에 헌신했다. 생사가 없는 곳에도 마음이 있고, 생사가 있는 곳에도 마음이 있다. 생사가 있는 곳에 존재하는 마음은 개념으로 가득하다. 우리의 참마음엔 개념이 없다. 참마음은 '나는 살 거야' '나는 죽을 거야' 등을 생각하지 않는다. 우리의 진짜 마음은 그저 '여여' 하다. 우리는 개를 산책시키고 나무를 보며 삶을 즐긴다. 삶의 매 순간을 있는 그대로 살아갈 때 바로 법을 수행하는 것이다. 자신의 삶을 음미하지 않는다면 누군가의 잘못이 아니다. 심지어 우리 자신의 잘못도 아니다. 삶을 즐기려면 연습이 필요하다.

교류분석交流分析은 1970년대에 인기 있던 심리치료 방식이다. 이 교류분석에 선의 관점을 접목시킬 수도 있다. 즉 대부분의 사람이 자신과 남을 보는 이원적 방식에서 좀 더 크고 포괄적인 관점으로 발전해가는 과정을 교류분석 용어를 사용하여 묘사하는 것이다. 1단계는 "나는 OK, 너는 안 OK" 또는 "너는 OK, 나는 안 OK" 그다음 우리는 교류 개념으로 발전한다. "나도 OK, 너도 OK" 나는 여기에서 한 걸음 더 나아간 단계가 있다고 생각하고 싶다. "나는 안 OK, 너도 안 OK. 그래도 OK."

불자들이 아침마다 예불을 올릴 때 이런 구절을 낭송한다. "나의 몸과 입과 생각에서 나온 모든 탐심과 분노와 무지를……" 모든 사람이 부지불식간에 화를 내고 탐심을 드러내고 무지를 뿌리며 다니고 그런 와중에 많은 사람을 불행하게 만든다. 우리는 모두 탐심과 무지를 가지고 있다. 그것을 바꾸고 싶다면, 함께 그럴 수 있도록 해보자. 중요한 모든 것들은 헌신을 요하고, 우리 삶의 모든 사람이 그것을 필요로 한다. 아내나 남편, 친구, 가족, 사회, 모든 존재가 우리의 헌신을 필요로 한다.

내 삶에서 헌신이 빠져 있다는 것을 깨달았을 때 나는 헌신이 단지 선수행에만 결여된 것이 아님을 알게 되었다. 내 삶의 모든 면에서 헌신이 없었다. 내 삶 안에 있는 존재들과 나는 진심으로 함께하지 않은 것이다. 나는 그들을 온전히 느끼고 음미하고 있지 않은 것이다. 이를테면 책을 읽을 때 나는 안절부절이었다. 친구와 이야기를 할 때면 나는 다음에 할 일을 생각하고 있었다. 나는 만사를 '한 손'으로만 하고 있었다. 우리는 일회용 문화에 살고 있다. 무언가를 입수하고, 사용하고, 다 사용하고 나면 버린다. 망치고 친구고 배우자고 상관없이 다 버린다. 우리는 그 무엇에도 헌신을 종용 받지 않는다. 그래서 우리는 사물에도 사람에도 충심을 보이지 않고 책임지지도 않는다.

리처드 밴들러와 존 그라인더의 저서 《관점의 전환(Reframing)》에는 남편과 아들 때문에 화가 나서 정신치료를 받으러 온 여인의 이야기가 나온다. 남편과 아들은 사방에 흘리고만 다니지 줍는 법이 없고 주변이 어찌 되든 상관을 안 해 집 안이 쓰레기통이나 다름없다는 것이다. 그래서 의사는 그녀에게 집으로 가면 두 사람이 나갈 때를 기다렸다가 집 안을 청소하라고 했다. 그녀의 마음에 들도록 집 안을 만들고 일단 모든 것이 완벽해지면 가만히 앉아 깊이 바라보라고 했다. 그래서 그녀는 의사의 말대로 집 안을 다 치우고 자리에 앉았다. 그러자 그녀는 울음을 터트렸다. 다음번 치료시간에 의사는 그녀에게 무엇 때문에 울었는지 물었다. "깨끗한 집 안은 남편과 아들이 가고 없다는 것을 의미한다는 생각이 들었거든요."

삶을 살아가는 동안에는 그 삶을 절대 완벽하게 만들 수 없다. 살아가면서 우리는 수많은 똥벼락을 맞게 되어 있지만 그것은 '좋은 똥벼락'이다. 내가 좋아하는 재즈 선생님은 좋은 음악을 '좋은 똥'이라 부른다. 우리는 좋은 거름을 음미할 수 있을까? 거름은 완벽하다. 다만 우리가 흔히 생각하는 방식의 완벽이 아닐 뿐이다.

내가 겐포 노사와 함께 공부할 때 일이다. 나는 고참 학생들이 지나치게 경쟁적이고 배려심이 없다고 생각했다. 나에겐 '잘못이 없다'는 주장에는 그럴듯한 이유가 있었다. 나는 당시 몸에 마비를 일으키는 신경질환인 길랑바레 증후군을 앓고 있었다. 당시 나는 겐포 노사와 많은 시간을 함께했고 불평도 그만큼 많이 했다. 어느 날 우리는 헬스센터에 함께 갔고 나는 학생들의 경쟁심에 대해 이야기를 했다. 그런데 겐포 노사가 갑자기 껄껄 웃으며 나 역시 경쟁적임을 모르느냐고 했다. 그것은 내가 꿈에도 예상하지 못한 말이었지만 내가 꼭 들어야 할 말이었다. 겐포 노사는 나 자신에게도 경쟁적 성향이 있음을 인정하고 받아들이도록 도와주었다. 또한 이런 성향이 나나 남들의 내면에 존재하지만 그것을 판단하거나 불평하지 말고 단지 최선을 다해야 할 일임을 이해하게 해주었다.

내가 이렇게 남에 대한 비난에 갇힐 때마다, 내가 모든 답을 다 가지고 있다고 생각할 때마다, 내가 더 도덕적이라고 주장할 때마다, 종국에는 그런 사실을 후회하게 된다. 그리고 나의 어떤 부분을 더 점검하고 받아들여야 할 필요성을 깨닫게 된다.

출래, 말래, 출래, 말래, 함께 춤출래?
출래, 말래, 출래, 말래, 함께 춤추지 않을래?

우리가 선택할 수 있는 길은 우리가 있는 바로 지금 여기에서 춤을 추며 우리에게 오는 것들을 받아들이는 것, 그리고 "~만 있었더라면"을 좇아 밖으로 나가 헤매지 않는 것이다. 내가 진정 '여기' 있을 때 '여기'가 좋으며, 내가 진정 '거기' 있을 때 '거기'가 좋음을 깨닫는 것이다. 이 혁신적인 법의 아름다움이 바로 그것이다. 그 법은 우리를 우리가 있는 곳에 있게 하는데, 다만 우리는 거기가 어딘지 모르는 것이다. 선수행은 개념이 멈추는 곳에서 시작된다. 그때 우리는 원더랜드에 머물게 된다. 그렇지 않다면 그것은 '넛'일 뿐이다.

도겐 선사는 '영원한 봄'을 이야기한다. 정말 아름다운 구절이다. 영원한 봄은 철을 모르는 봄이다. 영원한 봄은 우리가 여름과 하나가 될 때 여름이고, 우리가 가을과 하나가 될 때 가을이고, 우리가 겨울과 하나가 될 때 겨울이고, 다시 봄과 하나가 될 때는 봄이 된다.

아내와 나는 친구의 기타 연주를 듣고 있었다. 그는 음악에 깊이 몰입해 있었다. 재즈 연주에서는 연주자가 악기 쪽으로 몸을 기울이며 심지어 혼잣말을 하는 경우도 있다. 혼잣말을 하고, 즉석에서 우러나는 곡조를 노래하고, 온몸으로 악기를 연주하는 것, 그것이 바로 재즈의 전통이다. 친구는 바로 그리하고 있었고 그동안 나는 생각했다. 그래, 수행은 그렇게 해야 하는 거야. 거기에 달려들어서 영혼까지 거기에 다 바치고, 진흙탕도 두려워하지 않는 거야. 우리를 막을 것은 오직 우리의 자존심뿐이다.

그렇다 해서 느끼지도 않는 무언가를 느끼는 척하라는 것은 아니다. 선수행처럼 자신의 감정과 함께 앉는 것, 지금 이 순간과 함께 앉아 호흡하는 것은 처음에는 매우 혼란스럽고 어렵다. 나도 처음에는 어떤 스승도 믿지 않았다. 그러던 어느 날 아침에 눈을 뜨자마자 나는 말했다. 세상에나! 이 훌륭한 스승들과 그동안 내가 공부를 하고 있었구나. 그들이 나를 학대한다고 생각했었지만 실은 나를 가르치고 있었다. 한순간 나는 스승들이 나와 법에 대해 말해주려 한 것을 이해한 것이다. 나는 자신을 꽁꽁 묶어놓고 있었고 스승들은 그것을 풀어주려 한 것이었다. 도겐 선사는 말했다.

> 부처님의 진법신은 텅 빈 허공의 여여함이다. 이 텅 빈 허공이 부처님의 진법신의 여여함이다. 그것이 부처님의 진법신이기에 온 세상과 온 우주와 모든 현상계와 모든 상황은 다 비어 있다. 하나하나 여여함으로 나타나는 수백 개의 풀과 헤아릴 수 없는 형상들이 오직 부처님의 진법신이며 물에 비친 달의 여여함이다.

여기서 도겐 선사가 하는 말은 우리의 개념과 관념을 버릴 때 그 고요한 마음이 모든 것을 담고 있다는 것이다. 그것이 우리의 진법신이다. 생각을 그치면 우리는 한마음 속에 있다. 그것은 가장자리도 한계도 없고, 시작도 끝도 없다. 그것이 바로 우리 어머니와 아버지들이 태어나기 전에 우리가 가졌던 몸이다. 그 몸은 생겨나지도 없어지지도 않고, 이해하거나 파악될 수도 없다. 이것이 우리의 진신眞身이며 부처님의 몸이다. 내가 누구인지 진정으로 아는 것, 그리고 두려울 것은 아무것도 없음을 아는 것은 무슨 가치가 있는가? 우리가 일상생활에서 안달하는 것들은 결국 사소한 문제들이다. 모든 걱정과 근심 그리고 고통은 쳇바퀴 도는 마음이 일으키는 것이다. 2500년 동안 우리의 법맥도 피와 땀, 죽음과 굳은 의지를 통해 단 하나의 소식을 전해왔다. 그것은 우리가 깨달은 몸이라는 것이다. 당신은 당신의 깨달은 몸이 될 수 있는가? 당신은 자신이 누구인지 모르지만 여전히 모든 곳을 두루 비추는 그런 달이 될 수 있는가?

당신은 생각할지 모른다. "모른다는 게 뭐가 그렇게 좋다는 거야? 그게 나에게 뭘 해줬는데?" 당신이 이 세상에서 무언가 기능을 해야 한다는 것을 나도 안다. 그래서 당신에게 생각을 멈추라든가 무언가 알기를 포기하라고 하지 않는다. 단지 자신에게 물어보라. "내가 누구인지 알고, 이 삶이 무엇인지, 내가 어디로 가는지, 내가 어디서 왔는지 아는 것과 비교할 때 원소의 주기율표를 아는 것은 얼마나 중요한가?" 그리 중요하지 않을 것이다. 물론 주기율표를 아는 것은 좋은 일이다. 지구가 어떻게 작동하는지 아는 일이 매우 중요하다는 것을 우리도 알기 시작했다. 하나는 다른 하나를 부정하지 않는다.

몸과 마음을 자신의 삶과 죽음을 체험하는 일에 헌신하는 것은 부처의 삶을 사는 것이다. 헌신은 장애에서 뒷걸음치지 않는 것이다. 헌신은 무언가에 자신을 완전히 주는 것이다. 이와 반대로 마치 발바

닥에 불난 듯이 뛰어다니는 것이 보통 사람들의 삶이다. 우리는 언젠
가는 열기가 식으리라 생각하며 이곳저곳을 돌아다닌다. 하지만 그
러지 않을 것이다. 세월이 흐르면 그 불길은 분노, 짜증, 사람들을 수
용하지 않는 마음으로 나타날 것이다. 이런 불은 인간관계에 흔히 나
타난다. 우리는 상대방이 불을 질렀다고 생각한다. 우리가 아니라 그
들이 방화광인 것이다. 누군가를 사랑하면서 그들이 달라지기를 바
라지 않는다면 당신은 결국 그들을 더욱 사랑하게 될 것이다. 그것이
사랑이다. 그들이 그대로 존재하게 해주는 것. 만약 누군가를 당신의
프로젝트로 삼았다면 그 프로젝트를 버려라. 차라리 레고 블록을 가
지고 놀아라.

발바닥에 불이 났을 때 고요히 앉아 있으면 불은 얼마 후 절로 꺼
질 것이다. 우리는 이 과정을 좌선이라 부른다. 불길에 싸였다면 그
저 조용히 앉아 있어라. 얼마 후면 불길을 지속시켜 줄 공기가 줄어
들 것이다. 그렇게 한동안 앉아 있으면 불길이 줄어든다. 이제 그리
나쁜 상황은 아니다. 당신이 방 안으로 들어와도 사람들은 더는 달려
서 도망치지 않는다. 그저 천천히 걸어나갈 뿐이다.

좀 더 앉아 있어라. 이제 불은 따끈따끈한 깜부기불이 되었다. 물
론 당신이 방으로 들어오면 사람들은 여전히 떠나고 싶긴 하겠지만
귀찮아서 그냥 앉아 있게 될 것이다. 이제 불은 별로 문제가 안 된다.

누군가를 해칠 만큼 뜨겁게 타지 않는다. 당신의 발가락은 불꽃을 내뿜지 않는다. 그저 조금 빛날 뿐이다.

스승이 제자가 되려는 학생에게 어디에 다녀오느냐고 묻는 공안이 있다. 학생이 순진한 대답을 하자 스승은 방망이로 때리고 내쫓아버린다. 학생은 '맞다, 틀리다'는 생각 속에 밤새도록 번민하며 잠을 이루지 못한다. "내가 무슨 짓을 했기에? 도대체 나한테 왜 그러실까? 내가 어떻게 해야 했을까? 스승님이 잘못된 것일까? 아님 우리 둘 다 미쳤나? 나는 지금 무얼 하고 있나?" 다음 날 아침 학생은 선방에 와서 스승에게 절을 하고는 묻는다. "제 잘못을 알려 주십시오." 우리도 가까운 사람들이 우리를 비난하기 전에 "내 잘못을 알려다오"라고 말하면 좋지 않겠는가?

우리는 서로 가르친다. 우리는 서로이다. 우리에게 서로 비친 우리 내면에 있는 부처를 본다. 실천하고 듣는 것, 그것이 바로 헌신이 드러난 것이다. 수행하고 또 하는 것이 헌신이다. 나머지는 절로 일어날 것이다. 달은 매일 밤 떠서 애쓰지 않고도 자신의 그림자를 물속에 던진다.

셋. 밧줄을 풀고 출항하기

《금강경》은 대승불교 경전이다. 우리는 그것을 설법으로 생각할 수 있다. 매우 오래된 경전으로 아마도 그 시작은 서기가 시작된 직후일 것이다. 하지만 내게 《금강경》은 늘 새롭다. 읽을 때마다 내 생각을 끊어버린다. "이 세상은 세상이 아니다. 그러므로 그것은 잠시 세상이라 불리는 것이다." 이 구절을 처음 읽은 때가 지금도 기억난다. 충격이었다. 내가 얼마나 말이나 개념으로 나를 다스리고 제한했는지를 깨달았다. 《금강경》은 자아에 대한 우리의 개념에 의문을 던지고 우리 마음속에 고정하고 움직일 수 없게 못 박아놓은 모든 것을 부수어버린다.

이 허망한 세상을 이렇게 생각할지니
새벽별처럼, 물거품처럼
여름날 구름 속의 번개처럼
깜박이는 등불처럼, 허깨비처럼, 꿈처럼.

이 구절들은 모든 닻을 다 올린다. 우리가 밧줄을 풀고 출항하게 한다.

아내와 나는 전에 멕시코의 푸에르토 에스콘디도에 간 적이 있다. 캐린은 깊은 물을 무서워했지만 그래도 나는 배를 타고 싶었다. 그래서 작은 돛배를 빌려서 혼자 타고 나갔다. 캐린은 해변에서 책을 읽으며 떠나는 내게 손을 흔들었다. 나는 고등학교 시절에 배 타는 법을 배웠다. 나는 뉴욕에서 남자고등학교에 다녔는데 가끔 친구들과 함께 수업을 빼먹고 시티 아일랜드에서 돛배를 빌려 브라이튼 비치로 갔다. 그런 환상적인 일은 언제나 여자애들의 관심을 끌었다. 그래서 캐린과 함께 멕시코로 간 나는 신이 난 것이다. 배를 타고 남아

메리카까지 가버릴까 생각도 해보면서 말이다. 배가 미끄러지면서 육지가 저 멀리 사라졌다. 이렇게 이 방향으로 계속 가면 페루에 닿겠다고 생각하는 순간 갑자기 이전에는 한 번도 혼자서 배를 몰아본 적이 없다는 생각이 떠올랐다. 내가 배를 탈 때마다 줄을 건네줄 수 있는 사람이 적어도 한 명은 있었다는 사실을 깜빡 잊은 것이다.

줄을 건네줄 사람이 하나도 없다는 그런 자각을 최근 다시 경험했다. 1997년 내가 동부 해안을 떠나 유타로 이사 올 때 동료 수행자들 몇 명이 함께 왔었다. 그런데 이젠 쥴스와 캐시를 제외하곤 모두 다 떠났다. 쉰 살이 되기 전 내 삶의 일부였던 사람들이 이제는 매우 멀리 떨어져 산다. 또한 이제 과거 인연들과 자주 접촉하지도 않는다. 사막 속에서 나는 그때 배 안에 홀로였을 때처럼 닻을 올린 상태가 되어 감을 느꼈다.

나는 생각을 하기 위해 밀크릭 협곡 근처의 산속으로 차를 몰고 갔다. 조용한 협곡을 내려다보며 산속에 앉아 나는 변하는 모든 것을 생각했다. 그러고는 산을 내려와 친구들이 살던 집으로 갔다. 입구에 큰 이삿짐 트럭이 서 있었고 그 트럭 뒤에는 회사 로고인 돛배가 그려져 있었다.

《금강경》에 이런 구절이 있다.

모든 보살마하살은 이렇게 생각을 다스려야 한다. 모든 생명이 알에서 태어났든 자궁에서 태어났든, 습기에서 태어났든 탈바꿈을 통해 태어났든, 형상이 있든 없든, 사고의 기능이 있든 없든, 또는 사고 영역을 초월해 있든 남김없는 해탈의 열반을 얻도록 내가 인도할 것이다. 왜 그러한가? 그 까닭은 진정한 보살이라면 나라는 생각, 사람이라는 생각, 중생이라는 생각, 분리된 개인이라는 생각을 믿지 않기 때문이다.

깨달아야 해탈로 갈 수 있다. 부처님은 말씀했다. "모든 중생을 내가 이끌고 간다"고. 여기에는 당신도 포함되어 있다. 우리는 모두 우리의 깨달은 마음의 인도를 받고 있다. 이런 성품은 이미 우리 내면에 있어 그를 좀 더 잘 깨닫도록 인도할 수 있다. 부처를 깨닫는 것은 우리의 불성이다. 에고는 다만 에고에 집착할 뿐이다. 부처는 자신을 사람을 넘어서고 중생을 초월하며, 분리된 개인성이 없는 존재로 이해한다.

우리가 그저 자아이고, 길을 잃었다는 생각은 그저 생각일 뿐이다. 여기서 "오케이, 알았다. 나는 자아이고 그것이 문제의 전부로구나"라고 생각한다면 또 다른 문제가 생긴다. 존재의 신비와 어떻게 하면 가장 좋은 삶을 살 수 있는가 하는 의문은 생각으로 풀리지 않는다. 부처님은 "관념을 소중히 여기지 말라"고 하셨다. 그러니 "좋아, 나는 애쓰지 않는 마음으로 앉아서 좌선하겠다"고 말한다면 여전히 아니다. "좋아, 나는 좀 더 깊이 들어가겠다"고 말한다 해도 역시 아니다. 생각은 오직 생각 없음, 즉 무념무상으로 해결된다. 즉 뒤로 한 발 가는 것이다.

우리가 부처의 해탈을 체험할 수 있는 유일한 자리가 있다면 그것은 견해가 없는 자리이다. 자아를 잊어버리겠다는 견해, 다시 말해서 에고가 없는 것 역시 견해일 뿐이다. 어떤 견해를 지닌다 해도 다 잘못된 자리이다. 부처는 자리 없는 그 자리에서 왔다. 무념의 자리, 무아의 자리도 아니고, 무아의 자리가 아닌 자리도 역시 아니다. 에고를 가지는 것은 잘못이 아니다. 에고는 우리 일부이다. 문제는 우리가 그 에고에게 얼마나 우리를 좌지우지하도록 힘을 실어주느냐에 있다. 에고는 자신이 우리의 '참 나'이며, 우리의 유일한 자아라고 말하며 우리를 제한하고 묶어두며 우리의 자유를 앗아간다. 에고는 우리가 이 마법 같은 세상을 제대로 음미하며 살게 놓아두지 않는다. 에고는 우리가 날지 못하게 한다. 그 토끼 굴 아래로 떨어졌을 때 앨리스는 더는 자신을 에고 안에 가두어둘 수 없었다.

애벌레가 먼저 말했다.

"너는 어떤 크기로 되고 싶다는 거니?"

"아! 크기는 별로 상관이 없어요." 앨리스가 얼른 대답했다. "단지 자꾸 크기가 바뀌는 것이 싫다는 거죠. 아시잖아요."

"모르겠는데." 애벌레가 말했다.

남들과의 관계에서 강한 자아감을 가진 사람은 대체로 기능을 잘한다. 실은 에고가 약하거나 에고를 가지지 않으려는 사람이 더 문제이다. 우리가 흔히 생각하는 것과는 달리 무언가를 증명할 필요가 없는 사람, 그래서 남들 위에 힘으로 군림할 필요를 느끼지 않는 사람이 더 쉽게 자아를 넘어서 볼 수 있고, 더 빨리 날 수 있으며, 고향으로 더 쉽게 돌아올 수 있다. 나는 칼로스 카스타네다의 《익스틀란으로의 여행(Journey to Ixtlan)》과 《침묵의 힘(The Power of Silence)》을 매우 좋아한다. 여기서 돈 후앙은 야키 족 인디언이며 지식의 전통 법맥 계승자로서 칼로스를 미지의 여행으로 안내한다. 그는 대단한 비행 교습사이기도 하다. 마법 같은 미지未知의 영역에 들어서려면 우리는 기지旣知라는 익숙한 땅을 떠나야만 한다. 그래서 우리는 이성의 굴로 떨어져 아래로 아래로 내려가는 수행이 필요하다. 사물에 대한 우리의 관념에 구속받지 않는 여여함의 세계를 향해. 긍정적인 자아감은 우리가 융통성 있게 새로운 영역을 체험하는 데 도움이 된다. 이런 막히지 않은 놓아버릴 수 있는 능력이 종국에는 개념에 집착하지 않고 자유로울 수 있도록 해준다.

《금강경》에 이런 말이 있다.

> 사물에 본질적 성품이 있다 또는 없다는 생각에 얽매선 안
> 된다.

> 그래서 여래는 항상 말씀했다.

> 내가 가르치는 선법善法은 뗏목과도 같다. 법도 놓아버려
> 야 하거늘 하물며 법이 아닌 것은 말해 무엇하랴!

부처님은 당신을 '불자'라고 부르신 적이 없다. 나 역시 나를 불자라고 생각하는 날이 있고 그렇지 않은 날이 있다. 요즘엔 하루씩 교대로 하면 어떨까 생각 중이다. 내가 불자라고 생각하면 나는 불자의 옷을 입고 자동차 범퍼에는 "동물을 사랑합시다! 먹지는 마세요"라는 스티커를 붙이고 싶어진다. 부처님은 단지 당신이 '선한 법'이라

부르던 것을 발견하셨다. 그 법은 가스펠이나 '기쁜 소식'과 다르지 않다. 부처님은 자명하고 진실한 무언가를 발견하셨으니 우리는 모두 부처의 성품을 가졌다는 것이다. 그 성품은 자비로 가득하고 특정한 견해나 개념에 집착하지 않는다. 하지만 자신의 그런 성품에 접하려면 좌복에 앉아 상당한 시간을 보내야 한다. 이해는 시간이 걸린다. 특히 나처럼 느린 사람이라면 더 긴 시간이 필요하다.

불교의 시간 단위 중 '겁'의 묘사가 훌륭하고 적절한 예다. 1겁은 에베레스트산을 천 년마다 한 번씩 천사의 날개로 스쳐 그 산이 사라지는 시간이다. 아마도 우리의 불성을 발견하는 데는 그렇게까지 오래 걸리진 않겠지만 분명한 것은 한나절 정도로는 안 된다는 것이다.

전에 공안이 선수행에서 사용되는 심오한 질문이라고 말했다. 공안은 간결하면서도 격조가 있다. 우리가 공안 자체가 되는 것이 공안 공부다. 그저 범종이 되거나, 비가 되거나 '무無'라는 소리가 되는 것—분리가 없는 것. '무'는 없을 무無, 없음이다. 깊은 삼매에 든 사람은 '무' 소리와 하나가 된다. 그때 '무'의 의미는 중요하지 않다. 자아가 떨어져 나가고 '무' 소리는 온전한 말이 되어 모든 분리가 다 사라진다. 그렇게 텅 빈 자아는 모든 것을 담는다.

공안 공부는 부처님이 확언하신 실재實在 또는 현실을 체험하는 하나의 방식이다. 부처님은 다 놓아버리고, 공안에서처럼, 그저 존재하신다. 부처님은 분리 없는 현실 속으로 들어가셨고 다시는 되돌아오지 않으셨다. 나 역시 되돌아오지 않는 법을 배워야만 했고, 지금도 역시 배우는 중이다. 아마도 당신 역시 그러하리라. 멕시코로 가는 그 배 안에서 나는 큰 소리로 나 자신에게 외쳤다. "육지로 되돌아가라!" 그리고 나는 되돌아왔다. 짐작건대 부처님도 두세 번은 되돌아오셨을 것이다. 부처님은 이렇게 말씀했을 수 있다. "좋아, 이것이 정법이다. 이것이 현실의 참모습이다." 하지만 "이것이 현실의 참모습이다"는 것 역시 여전히 생각일 뿐 진정 있는 그대로는 아니다. 생각은 궁극의 실재가 되지 못한다. 생각을 끊고 나면 더 이상 이원성이 없는 불이不二가 된다. 그 후에는 불이의 늪에 처박히지 않도록 조심해야 한다. 진정 밧줄을 풀고 출항하는 것이다. 늘 출항하는 것이다.

"그들이 우리를 바닷가재와 함께 저 바다로 던져버릴 때 얼마나 기쁜지 넌 모를 거야." 하지만 달팽이는 대답했다. "너무 멀어, 너무 멀어!" 그러고는 곁눈질로 보며 대구에게 고맙다고 말했지만 춤은 함께 추지 않겠다고 했다.

부처님은 당신의 가르침을 버리는 것이 진정한 믿음이라고 말씀하셨다. 그렇다면 신봉하지도 말고, 집착하지도 말고, '나'도 없는 그것을 어떻게 수행하는가? 불타는 섬을 떠나는 배처럼 그냥 밀고 나아간다. 뒤돌아보지 말라. 그런 것은 나중에 걱정해도 된다. 이원성의 섬을 진정 떠난 후에는 뒤돌아서서 보아도 된다. 하지만 당분간은 점검하지 말고 그저 계속 밀고 나가라.

'보기' 위해서 우리는 때로 우리를 떠밀어 이원성의 섬을 떠나게 하는 스승의 도움이 필요하다. 임제 선사는 제자들을 깨치고자 '방'을 사용했다. 나의 스승은 진심어린 격려, 아주 긴 좌선, 최선을 다해 정진하라는 당부를 사용했다. 우리가 '할'을 들을 때, '방'을 느낄 때, 주장자가 날아들 때 그것들은 다 우리를 돕기 위해 있음을 잊지 말라. 거기엔 개인성이나 정체성은 없다. 할은 한마음의 깨달음이다. 아무런 생각이나 개념이 없이 단지 본래의 한마음이 있을 뿐이다.

우리의 빛은 언제나 밝게 비추고, 우리의 음악은 언제나 연주되고 있다. 온 세상이 그리고 우리 삶의 매 순간이 음악이다. 그런데 우리는 그 음악이 되지 않는다. 그 음악을 꺼버리고는 음악에 대해 생각한다.

"한때," 가짜 거북이 마침내 긴 한숨을 내쉬며 말했다.
"나는 진짜 거북이었어."

《금강경》에서 우리는 부처의 말씀을 읽는다.

> 수보리야 네 생각엔 어떠하냐? 형상을 통해 여래를 볼 수
> 있느냐?
> 아닙니다, 세존이시여! 형상을 통해 여래를 볼 수는 없습
> 니다. 왜냐? 여래께서는 형상이 실은 형상이 아니라고 말
> 씀하셨기 때문입니다.
> 부처님이 말씀했다. 수보리야! 형상이 있는 곳에는 미혹이
> 있다. 하지만 모든 형상이 실은 형상이 아님을 보는 사람
> 은 여래를 볼 수 있다.

형상은 없다. 어떻게 하면 형상을 형상 아닌 것으로 볼 수 있을까?
마음이 움직이지 않으면 형상도 없다.
이 말씀은 《반야심경》에서도 계속된다.

> 눈도 귀도 코도 혀도 몸도 마음도 없다. 색도 소리도 냄새
> 도 맛도 촉감도 현상도 없다. 시각 영역도 의식 영역도 없
> 다. 무지도 무지의 끝도 없다. 늙음과 죽음도, 늙음과 죽음
> 의 끝도 없다. 고통도 고통의 원인도 없다. 멸함도 없고 수

행의 길도 없으며 지혜도 없고 소득도 없다.

아무것도, 먼지 한 톨도 없다. 오직 무無다. 중요한 것은 우리가 사물을 어떻게 보는지를 마음이 만든다는 것이다. 마음이 움직이지 않는다면 만물에서 분리된 개체는 없다. 또한 한 물건도 없지도 않다. 실재는 그런 이분법을 떠나 있다. 중국의 선승 설봉과 암두는 가장 심오한 가르침을 달라는 요청을 받자마자 말했다고 한다. 한 사람이 "이것은 무엇인가?"라고 하자 다른 한 사람이 "이것이 그것이다"라고 했단다.

안다는 것은 그저 생각에 불과하다. 형상도 생각에 불과하다. 세상도, 우리가 세상 속에서 살아간다는 관념 역시 생각이고 개념이다. 우리에게 몸이 있다는 것 역시 생각이고, 하나의 관점이다. '가진다'는 것은 무엇인가? 이 모든 것을 다 없애버리고 그저 이렇게 말하면 어떨까? "그저 말이고 개념일 뿐, 아니 그게 아니고, 그저 또 다른 이원성이고 또 다른 말이고 또 다른 개념일 뿐이다."

부처는 공포할 가르침이 있는가? 수보리는 부처님의 질문에 대답한다. 제가 이해하기로는 위없는 깨달음이라 불리는 진리는 형성되지 않았습니다. 더욱이 여래에겐 세상에

공표할 가르침이 없습니다. 왜인가? 여래께서는 진리는
그릇에 담을 수 없고 말로 표현할 수 없다고 하셨기 때문
입니다. 진리는 있는 것도 아니고 없는 것도 아닙니다.

내게는 이 말씀이 정말 부처님답다. 너무 명료하다. 가르침은 잡을
수 없는 것이다. 가르침은 다름 아닌 바로 우리 앞에 있는 것들이다.
그것은 존재하는 것도 존재하지 않는 것도 아니다. 우리는 그것이 있
다거나 없다거나 말할 수 없다. 그것은 어떤 것에도 비교될 수 없다.
　우리는 오직 자신만이 무언가를 옳게 할 수 있다고 믿는 경향이 있
다. 내가 음악가로서 처음 일을 시작했을 때 내겐 다른 모든 음악가가
지나치게 상업적이거나 이익에만 눈이 멀었거나 너무 주류에 편승하
는 것으로 보였다. 선불교에 처음 입문했을 때도 내 느낌은 비슷했다.
나의 비판적인 마음은 이상에 충실하지 못한 사람들과 돈 때문에 신념
을 배신하는 사람들을 가려냈다. 언젠가 누가 내게 이렇게 말했다. "대
니얼! 당신은 이상주의에 사로잡혀 있어요." 그의 말이 맞다. 나는 이
상주의라는 나만의 관념에 매여 있었다. 하지만 그런 사실을 알아차리
지 못했다. 우리 역시 우리가 가진 관념이 단지 관념일 뿐임을 모른다.
단지 다른 사람들이 그들만의 관념에 걸려 있다는 것만을 볼 뿐이다.
　부처님은 이해할 가르침이 없다고 말씀하신다. '올바른 방식'이라

할 '어떤 것'이 전혀 없다는 것이다. 관념에는 우리가 받아들이며 "바로 그거야!"라고 할 만한 정해진 현실이 없다. 당신은 현실 주변에 갈 수 없다. 당신 자신이 현실이다. 당신이 이미 그것이기에 당신은 그것을 가질 수 없다. 더 이상 당신이 해야 할 일이 없다. 가야 할 곳도 없다. 이해할 것도 없다. 우리가 그 무엇도 이해하려고 시도하지 않으면서 매일 돌아다닌다면 어떻게 될까? 자신이 이전보다 훨씬 더 많이 이해하게 된 것을 발견할 것이다. 1920년대 영화배우 구르초 막스는 "나는 나를 회원으로 받아들여 주는 클럽에는 가입하고 싶지 않다"는 유명한 말을 남겼다. 하지만 우리는 이미 회원이다. 실은 회원은 단 한 명뿐이며 우리가 모두 그 한 사람이다. 자신이 부처임을 깨달은 싯닷타의 깨달음 속에는 다른 사람들도 역시 모두 부처라는 깨달음이 들어 있다. 《금강경》은 계속된다.

> 수보리야, 이것은 웅장한 수미산과 맞먹는 큰 몸을 가진 인간에 비유될 수 있다. 어찌 생각하느냐? 그런 몸이 큰 것인가?
> 수보리는 대답했다. 실로 크옵니다, 세존이시여! 이는 부처님께서 어떤 몸도 큰 몸이라 부르지 않는다고 말씀하셨기 때문입니다.

이것이 한마음이고 위없는 깨달음의 증득이다.

그리고 나서 수보리는 부처님께 묻는다. 세존이시여! 위없
는 깨달음을 얻음에 있어 부처님께서는 그 무엇도 얻은 바
가 없으십니까?

잠깐! 부처님께서 쇼핑을 가셨다가 빈손으로 돌아오셨다는 말인가?
수행을 처음 시작할 때는 거대한 백화점의 회전문을 지나는 것과
도 같다. 우리는 그 안에 있는 멋진 것들을 보고 싶어 참을 수가 없
다. 우리는 백화점 안을 이리저리 돌아다니다가 종국에는 다시 회전
문 앞에 선다. 바로 우리가 출발했던 그 지점으로 되돌아온 것이다.
그렇게 몇 년씩 수행을 한 후에 우리는 무엇이 달라졌는가? 그 회전
문을 밀고 안으로 들어가겠다는 욕망을 떨어내 버린 것이다. 우리는
더는 이전처럼 이 세상에서 살아갈 수가 없다.

부처님이 대답했다. 그렇다 수보리야, 위없는 깨달음을 통
해 나는 한 가지도 얻은 바가 없다. 그렇기 때문에 '위없는
깨달음'이라 불리는 것이다.
이 허망한 세상도 그리 생각해야 한다. 새벽별처럼, 물거

품처럼, 여름날 구름 속의 번개처럼, 깜박이는 등불처럼,
허깨비처럼, 꿈처럼.

죽는 순간 우리는 말한다. "정말 순식간이었다. 그것은 무엇이었
나? 이해가 안 된다. 그것이 무엇이었는지 난 모르겠다." 그것이 적
멸이다. 깨달으려 애쓰지 않는 것이 깨달음이다. 깨달음이란 생각이
없는 것이 깨달음이다. 깨달음은 앎과 상관이 없다. 달은 깨달음이
다. 앎은 미혹이다. 우리는 계속하여 배의 방향을 돌리며 해안의 땅
을 움켜쥐려 한다.

선수행을 하겠다고 결심했다면 실은 매우 간단한 일이다. 선수행
은 자신이 누구인지를 좀 더 깊이 보기 시작하는 것이다. 우리는 내
면에서 깨어나는 부분들을 보기 시작한다. '부처buddha'라는 말의
어근 'budh'는 '깨어난'을 의미한다. 계를 받고 원을 세우는 것은
"나의 본래 모습인 깨어난 사람에 어울리는 삶을 살고 싶다"고 말하
는 것이다.

수계를 받는 것은 모종의 자유를 상징한다. 수계식은 전통적으로
전해진 방식대로 받지만 새로운 방식으로 받을 수도 있다. 그저 자리
에 앉아 자기 자신에게로 돌아와서 자신이 무엇을 믿는지 잘 보고 그
리고 결정을 하는 것이다. "좋아, 나는 이것을 하고 있다. 그러니 가

자. 배를 물 위에 띄우고 육지를 뒤로하고 대양으로 나아가자." 부처
님은 이를 '강을 건너 저쪽 언덕으로 가기'라 부르셨다. 그런 다음
우리는 저쪽 언덕이 바로 이쪽 언덕임을 알게 된다. 이쪽 언덕이 저
쪽 언덕이다.

　5~6세기 중국에서 선이 시작되었을 때 신체에 혹독한 수행을 했
다. 오늘날엔 그리할 필요까지는 없지만 그래도 수행은 철저하고 책
임 있게 해야 한다. 다시 말하면 일상생활에서 수행하는 것을 배워야
한다. 이는 우리 자신을 위해 그리하는 것이다. 철저한 수행을 통해
우리의 의지는 굳어진다. 몇 시간이고 자리에 앉아, 때론 불편하고
때론 피곤해도 묵묵히 견디며, 끈기 있게 계속해야 한다. 또한 우리
는 전념해야 한다. 참선이 가져다주는 자양분과 에너지가 필요하기
때문이다. 이런 일은 윗사람이 시켜서 하는 것이 아니다. 자신을 믿
고 의지하라. 해안을 박차고 출항하는 데 필요한 에너지를 찾기 위해
선 자기 자신에게 의지해야 한다. 우리는 삶에서 죽음으로 강을 따라
내려가고 있다. 그런 우리가 선택할 수 있는 것은 두 가지다. 바위나
나무뿌리, 섬 등을 눈에 띄는 대로 모두 부여잡고 매달리든지 아니면
모든 것을 다 놓아버리고 흐름에 몸을 맡기며 유람을 즐기든지 말이
다. 내가 만든 바닷가재 카드리유 춤은 이렇게 춘다.

출래, 말래, 출래, 말래?
추었을 텐데, 출 수도 있었는데, 추었을 텐데, 출 수도
있었는데, 춤을 추었어야만 했어.

처음 절에 들어갔을 때 나는 체험에 온전히 뛰어들었다. 내게는 로
큰롤 가수처럼 야성의 미친 듯한 에너지가 넘쳐흘렀다. 그 에너지를
어떤 식으로 모으는지는 중요치 않다. 우리에겐 단지 그 에너지가 필
요하다. 우리 법맥의 역사를 보면 모든 스승의 성향은 다 달랐지만
수행을 지속할 수 있는 에너지를 한곳에 모았다는 것만은 같다.

마에즈미 노사는 지성과 품격을 갖춘 스승으로서 학생들의 자세나
수행 형식에는 매우 엄격했지만 또한 동시에 수행을 즐기면서 하라
고 말씀했다. 그래서 늘상 학생들에게 "삶을 음미하세요!"라고 상기
시켜주었다. 스승들마다 에너지가 완전히 달랐고 그래서 누구든 배
울 점이 있었다. 다만 그것이 우리가 기대하는 배움과 꼭 맞아떨어지
지 않을 수는 있다.

사람은 다 다르다. 저마다 업이 다르고 동시에 우리가 배워야 할
다른 무언가를 가지고 있다. 내가 스승들께 배운 한 가지가 있다면
수행의 열쇠는 그저 공안을 들며 앉아 있는 것도, 자리에 앉아 깨어
있는 호흡을 하는 것도 아니라는 것이다. 그 열쇠는 얼마나 기꺼이

바다를 향해 출항하느냐, 무엇이든 내가 집이라 생각한 것을 얼마나 선선히 버리고 떠나느냐에 있다. 굳은 의지를 지닌 전사로서 떠나든, 확고부동한 지성인으로서 떠나든 아니면 떠도는 방랑자로 떠나든 그것은 중요치 않다. 하지만 우리는 반드시 집을 떠나야만 한다. 우리의 개념과 믿음으로 세워진 집을 말이다.

부처님은 우리가 아는 한 실제로 배 위에 올라 밧줄을 풀어버리고 집을 떠난 최초의 인간이다. 그는 단지 인간이었다. 부처님을 가장 친한 친구로 생각하라. 부처님을 그저 당신 자신이라고 생각하라.

넷. 집으로, 어머니에게 돌아가라

먼저 도도새는 "모양은 별로 중요하지 않아"라고 말하며 경주할 트랙을 둥글게 그렸다. 그런 다음에는 경주자들을 트랙 위 여기저기에 배정했다. "하나 둘 셋, 출발!"의 구호도 없이 각자 내킬 때 출발했고 내킬 때 달리기 시작했다. 그래서 경주가 언제 끝났는지 알기 어려웠다. 하지만 한 반 시간쯤 달린 후에 도도새는 갑자기 "경주 끝!"하고 외쳤다. 모두 도도새 주변으로 숨을 헐떡이며 몰려와 물었다. "그럼 누가 이긴 거야?"

모범 불교수행자가 된다는 것은 어떤 것일까? 안다고 생각하는 사람도 있고 모른다고 생각하는 사람도 있겠고, 그런 생각을 해본 적이 없는 사람도 있겠고, 오랫동안 그런 생각을 하지 않은 사람도 있을 것이다. 선수행자가 되겠다고 결심하는 것은 삶에서 매우 흥미로운 결정이다. 그런 결정은 놀라울 정도로 자유를 안겨준다. 죽을 때까지 선수행을 하겠다고 마음먹은 후에는 그저 하는 것이다.

결정을 한 후에는 더 이상 잘못될 일은 없다. 불교를 수행하겠다는 결정은 우리의 삶으로 무엇을 할 것인지를 결정하는 것이다. 아무것도 수행의 결의를 방해할 수 없다. 장애도 수행의 일부가 된다. 수행에는 공안 수행과 공안 없는 좌선이 포함되고, 거기에 법문 듣기, 공부하기, 부엌과 밭, 사무실에서 울력하기와 일상에서 하는 깨어 있음의 수행이 포함된다. 또한 미술 수행, 몸 수행, 경전 공부도 포함되고, 옛 선사들과 현대 선사들의 글, 다른 전통의 가르침도 공부한다. 하지만 결국 어떤 수행을 하겠다고 결심하든 그것은 대부분 매우 큰 장애로 보이는 것들과 씨름을 하는 것이다.

만약 이런 장애를 만난다면 이것이 우리 삶을 이끌어 갈 좋은 방식이라는 점을 믿고 수행을 계속하면 된다. 이 수행이 우리를 다른 사람으로 만들어줄 것이라거나 어떤 사회적 위상을 주리라 생각한다면 잘못 생각하는 것이다. 자신이 불사의 존재가 아니라는 점을 우린 곧잘 잊어버린다. 우리는 그저 잠시 지나가는 길손일 뿐이다.

'출가出家'는 승가의 전통에서 나온 말로서 낯익은 것들을 떠나 정신적인 길을 가겠다는 의지를 나타낸다. 이는 우리도 따를 수 있는 정신이다. 출가는 세상을 떠나는 것도 아니요, 절에서 살아야 하는 것도 아니다. 출가는 단지 세상의 태도를 저버린다는 뜻이다. 자신의 삶이 수행의 삶이라고 결정하면 이제 자기만의 길에 들어선 것이다. 이제부터 무슨 일이 있어도 수행을 할 것이다.

출가에 수반되는 내적 결정으로는 수행이 성장과 변화를 수반한다는 점을 이해해야 한다. 이런 이유 때문에 스승 및 수행공동체와 함께 수행을 하면 도움이 된다. 그래야 이전에 이해했던 것들 속에 푹 파묻혀 박제 인간이 되어버리는 것을 피할 수 있다. 수행은 자신을 텅 비워서 늘 새로운 이해를 받아들이는 것이다. 수행을 하려면 수행에 대한 한 가지 관념에 갇히지 않도록 자신을 늘 열어야만 한다.

수행에는 수많은 양상이 있다. 참선, 스승과 제자 관계, 법문, 공안 공부 등등. 꼭 절에 들어가지 않아도 된다. 수행은 일하는 중에도, 집에 있는 동안에도, 일상생활 중에도 할 수 있다. 기본이 되는 깨어 있음의 수행을 배우고, 다른 수행자들 및 스승과 화목하고 가까운 관계를 이루면 수행에 도움이 된다. 이것이 중요하다.

수행이냐, 생활이냐를 선택해서는 안 된다. 이는 내가 경험으로 체득한 사실이다. 대신 자신을 삶 속에 온전히 던지고 또한 수행에도 온전히 던져라. 수행과 생활은 서로 뒷받침하는 존재로서 결국 하나가 될 것이다. 스승과 함께하는 수행은 또한 어느 정도의 신뢰를 요한다. 인도와 지도를 받을 것이며, 올바른 공부 자료와 올바른 상황이 주어질 것이며, 좀 더 깊이 들어갈 수 있도록 올바른 피드백을 받으리라는 신뢰가 필요하다. 신뢰가 있어야 다른 사람을 스승으로 모시고 한동안 배를 조종하도록 내맡길 수 있다. 하지만 그 배는 여전히 우리의 배다.

시간이 흘러도 일관성을 유지하기가 가장 어렵다. 예를 들면 처음 수행에서 좌선, 공안, 봉사 중 어떤 요소가 강조되었다면 우리는 그런 선택을 수행의 바른길로 보게 된다. 하지만 그런 것들은 수행 자체가 아니라 수행의 형식이다. 수행의 중요한 측면 하나는 수행이 무엇인지를 늘 다시 배워야만 한다는 것이다. 즉 걸림 없음을 배우는 것이다. 우리에겐 고정관념이 없다. 수행을 하면 우리는 자신에 대한 어떤 관념에도, 어떤 형태의 수행에도 집착하지 않고, 좋고 나쁜 것에 대한 관념에도 얽매이지 않는다.

선산사에서 사는 동안 나는 집세와 교육비를 내야만 했다. 나는 아내 캐린과 다섯 살 난 아들 알렉스와 함께 절에 딸린 주택에서 살았다. 당시 나는 일주일 중 하루만 출가 전 나의 직업이었던 심리치료사 일을 하도록 허락을 받았다. 그래서 하루에 열 사람씩 상담을 했다. 또 하루는 뉴에이지 센터에서 '명상적 동작'에 관한 워크숍을 지도했다. 그것도 몇 시간씩 집중참선을 수행한 후에야 센터로 갈 수 있었다. 그러다 보니 새로 이룬 가족과 함께할 시간이 없었다. 일주일에 쉬는 날이 딱 하루 있었는데, 만약 그날 다이도 노사가 절에 안

계시면 내가 법문을 해야 하는 경우가 많았다. 법문이 끝나면 사회자
는 법문과 점심공양에 보시를 해달라고 청중에게 요청했다. 보시함
이 내 앞을 지나갈 때면 비록 내가 법문을 했어도 여전히 보시를 하
라고 했다. 그렇게 몇 년을 보냈다. 그것은 수행의 한 방식이다. 나는
이제 일상생활에서 자신을 수행에 던지는 일에 어떤 좋은 점이 있는
지 볼 수 있게 되었다. 내게 있어 수행은 나와 관련된 사람들을 제대
로 알고, 나의 일을 충분히 음미하고, 매 순간 깨어남을 가능하게 해
주는 방편이다.

　겐포 노사와 그의 스승 마에즈미 노사는 늘 말했다. "나를 버려
라!" 나는 그 반대로 말하고 싶다. "나를 버리지 말라!" 그렇다고 내
가 두 분의 말에 동의하지 않는 것은 아니다. 우리는 모두 '나'라는
자아를 가지고 있다. 그런데 어떤 사람에게는 자기에 대한 회의가 많
고 그래서 자신과 충분한 시간을 보내지 않는다는 것이 수행에 장애
가 된다. 또 어떤 사람에게는 지나치게 자기만 가득해서 다른 것이
들어올 여지가 없다는 점이 수행에 장애가 된다. 자신과 함께 좌선의
자리에 앉지 않는 한 작은 일에도 충격을 받고 길을 잃어버리게 마련
이다. 마에즈미 노사와 그 이전에 나를 가르쳐준 스승들은 녹록지 않
은 사람들이었다. 그들은 자비로웠지만 결코 만만치 않았다. 그래서
우리는 강하면서도 회복력이 빠른 사람이 되어야만 했다. 자신에 대

한 확신, 수행의 결심에 대한 충분한 확신이 없다면 수행을 그만두고 나가든지 아니면 나가진 않더라도 항상 화를 내고 원망하든지 할 것이었기 때문이다.

내가 자란 동네에서는 거리에서 싸움도 잦았고 때로 나도 거기 끼어들어 싸우기도 했다. 싸움을 지켜보면 누가 가장 기가 센지 금방 알아볼 수 있다. 기는 오만과는 다르지만 때론 오만으로 표현될 때도 있다. 나는 그것을 굴하지 않는 정신이라 정의한다. 고대무술 전통인 무사도에서는 긍정적인 정기正氣와 부정적인 사기邪氣가 있다고 한다.

우리는 모두 이런 기의 흐름을 가지고 있다. 무언가와 교류할 때도 정기나 사기를 가지고 교류한다. 수행에서 이것은 가르침의 양의 측면인데, 그것은 학생을 조금 더 밀어붙이기 위해서, 때로 매우 섬세한 방식으로, 행하는 법맥의 속삭임이다. 스승이 너무 세게 밀면 학생은 뒤로 넘어진다. 스승이 적절하게 밀면 학생도 그만큼의 힘으로 되밀며 이를 통해 척추가 튼튼해진다. 이때 학생이 되미는 것은 스승에 대한 저항이 아니라 자신의 사기邪氣에 대한 저항이다. 그는 용맹하다.

"돌아와!" 애벌레가 앨리스를 불렀다. "중요하게 할 말이 있어."

분명 희망이 보였다. 앨리스는 등을 돌려 되돌아왔다.

"성질 좀 죽여라." 애벌레가 말했다.

"말 다했어요?" 분노를 한껏 참으며 앨리스가 말했다.

"아니." 애벌레가 말했다.

　내가 무술을 공부할 때 훌륭한 쿵후 선생님이 계셨다. 이름이 윌리 워룩이었는데 우리는 모두 사부님이라고 불렀다. 수련은 매우 힘들었다. 우리는 수업이 통증, 아픔, 고통의 삼부로 나뉜다고 말하기도 했다. 제1부는 흔히 주먹 쥐고 팔굽혀펴기를 하다가 마지막엔 손가락만 대고 팔굽혀펴기로 끝냈다. 때로 고통과 피로가 극심해서 나는 그 팔굽혀펴기를 끝낼 수가 없었다. 어느 날 이를 본 사부는 나를 성심껏 가르치기 시작했다. 내가 막 쓰러질라치면 그는 용케 알아채고 쓰러지기 직전에 다가와 마루에 엎드려서는 자신의 얼굴을 내 얼굴 옆에 갖다 대었다. 그런 다음 사람들이 내게 해준 말 중 가장 훌륭한 말을 해주었다. "넌 할 수 있어!" 그 말을 듣던 내 눈에 눈물이 고였다.

　2주 후 나는 고참 학생들에게 필수 코스인 스파링을 하고 있었다. 통증 아픔 고통의 3부를 2시간이나 연습한 후에 말이다. 스파링을 끝내고 나는 벽에 기대어 이마의 땀을 닦고 있었다. 사부는 내게 다가오더니 머리를 갸웃하고는 당혹스러운 표정으로 말했다. "여기가 컨트리클럽이라고 생각하나?" 그는 내게 더 많은 것을 기대했다고, 나를 믿었다고 말한 것이다. 내게 진지한 수련을 할 수 있는 능력이 있다고 말해준 것이다.

가끔 사부에게 아무 말 없이 결석한 적도 있다. 그럴 때면 사부는 다른 방식을 사용했다. 수련 시간에 나를 못 본 척 하는 것이다. 그는 스승과 한 약속이 중요하다고 말하고 있었고 그 뜻은 내 가슴에 와 닿았다. 나는 그의 사랑에 지금도 큰 감사를 느낀다.

사람들은 살아가며 온갖 장애를 만난다. 어떤 사람들은 아침에 일어나지를 못한다. 그런 사람들이 내게 일어나는 방법을 물으면 나는 자명종 시계를 맞추어놓고 알람이 울리면 일어나라고 말해준다. 우주의 신비를 숙고하지도 말고, 왜 자기가 일어나야 하는지 묻지도 말고, 그렇게 일어나는 기분이 어떤지 헤아리지도 말고, 그저 일어나서 가는 거다. 어떤 사람들은 이런 일을 매우 잘하지만 그렇지 못한 사람들도 있다. 어떤 사람들은 닫혀 있지만 또 어떤 사람들은 마음을 잘 연다. 어떤 사람들은 점점 나아진다. 그것이 우리의 수행이다. 그것이 우리의 기氣가 가야 할 곳이다. 좀처럼 열리지 않는 부정적인 곳으로 가서 우리가 실제로 자아의 그 부분을 놓아버릴 수 있게 해주는 것이다.

"얼마나 멀리 가는지가 뭐가 중요해?" 그의 비늘 달린 친구가 대답했다.

"저 건너편에 언덕이 또 있거든."

어떤 사람들은 두려워한다. 우리는 앞으로 나서서 자신을 보이고 싶지 않다. 그럴 수 있을 정도로 자신에 대해 자신감이 있지 않다. 그 것은 슬픈 일이다. 이 세상에는 훌륭한 수행자가 될 수 없는 사람이 한 사람도 없다.

내가 속한 조동종의 전통에서는 이제 좀 더 불교수행에 전념할 수 있다고 느끼면 수계를 받는다. 수계는 불교계로 들어오는 공식 통과 의례다. 그때 학생은 법명을 받고 삼취정계와 십선계를 받는다.

삼취정계三聚淨戒

1. 섭율의계攝律儀戒 : 악을 짓지 말라.
2. 섭선법계攝善法戒 : 선을 행하라.
3. 섭중생계攝衆生戒 : 중생을 위해 선을 실현하라.

십선계十善戒

1. 생명을 지지하라. 살생을 하지 말라.
2. 베풀라. 훔치지 말라.
3. 몸을 귀히 여겨라. 음행하지 말라.

4. 진리를 구현하라. 거짓말하지 말라.

5. 명료하게 나아가라. 마음을 흐리게 하지 말라.

6. 수승한 것을 보라. 남의 잘못을 말하지 말라.

7. 나와 남이 하나임을 깨달아라. 나를 높이고 남을 비난하지 말라.

8. 아낌없이 주어라. 주지 않고 남겨두지 말라.

9. 화합을 이루어라. 화를 내지 말라.

10. 만물의 친밀함을 체험하라. 불·법·승 삼보를 훼손하지 말라.

한동안 수행을 한 후 뒤돌아보면 수계를 받은 때부터 이해가 시작되었음을 알 수 있다. 이 탄탄하고 진지한 약속이 이해의 씨앗을 심고, 수행을 계속함에 따라 씨앗은 계속 자라게 된다.

선수행에서는 수행자의 법맥을 이야기한다. 수행에 삶을 바친 법맥의 조상들을 대대로 살펴본다. 기록이 잘 남아 있는 사람들도 있는가하면 또 별로 알려진 게 없는 사람들도 있다. 예를 들면 일본에는 여성들의 법맥이 있었다. 인간의 귀한 노력과 땀이 들어간 모든 분야에서 우리가 너무나 감사해야 할 사람들이 많지만 그 이름이 알려지지 않은 존재들이, 다양한 종교 문화 경제적 배경을 가진 남성, 여성, 어린이들과 심지어 동식물까지도 수없이 많다는 점을 알아야 한다. 그들에게 보답하는 최선의 방식은 그들에게 감사하고, 깨어나려는 우리 자신의 의식적인 노력을 통해 그들의 삶을 영광되게 하는 것이다.

토마스 클리어리의 책 《영원한 봄 : 조동종 선집》은 조동종 선불교의 법맥에 관한 책이다. 내가 서른 살에 처음 그 책을 읽을 때는 내용이 우울하다는 생각이 들었다. 죽음에 대해 읽는 것을 좋아하지 않았던 까닭이다. 죽음은 아직 나의 지평선에 존재하지 않았다. 요즈음은 이분들이 살고 수행하고 죽은 방식을 생각하는 것이 즐겁다. 한 30년 정도 수행하여 가르침을 깨달은 후엔 그를 전하는 일에 삶을 바친 스님들, 그리고 그들을 통해 가르침은 다음 세대로 전해졌다. 훌륭하다. 그 과정을 받아들이고 계속 뒷받침하는 일 역시 훌륭하다. 그렇게 하는 동안에도 우리는 삶의 모든 것을 음미하는 법을 배울 수 있다.

언젠가 겐포 노사가 주석한 단기 안거에 참석한 적이 있다. 안거가 끝나고 모두 함께 저녁을 먹으러 중국집에 갔다. 단기 안거 중 공양주 역할을 해준 여성은 헌신적인 선수행자였고 훌륭한 사람이었으며 대단한 요리사였다. 그녀가 내 쪽으로 몸을 기울이며 물었다. "구루마이(힌두성자 바바의 법을 계승한 여성-옮긴이) 좋아해요?"(당시 매우 인기 있던 구루) 나는 몸을 돌려 그녀를 보며 말했다. "아니요." "나는 좋아해요." 그녀가 말했다. "좋은 일이네요." 내가 말했다. 나는 더는 묻고 싶지 않았다. 대화가 불쾌해질까 봐 걱정이 되어서다. 당시 신참 수행자에 불과한 나에게 그녀는 진정한 역할모델이었다. 그녀는 말을 좋아하는 코네티컷의 상류층 가정에서 태어났는데 비교적 어린 나이에 정신세계에 눈을 떠서 수행에 헌신하고 있었다. 나는 매일 부엌으로 들어가서 음식을 준비하고 음식을 내오고, 그런 후엔 낮잠을 자는 것을 지켜보았다. 그리고 다음날도 또 다음날도 그녀는 부엌으로 가서 그 일을 되풀이했다. 그러면서 완전한 만족감을 그녀의 온몸으로 보여주었다. 내 여자친구가 짝사랑한다고 놀릴 정도로 나는 그녀를 흠모했다. 그녀는 용맹정진하는 수행자였고, 나는 그런 그녀를 흠모했다.

후에 도겐 선사의 책에서 공양주에 관한 부분과 멋진 삶에 관한 부분을 읽었다. 그 책에는 늙은 공양주가 쌀 방아를 찧은 유명한 이야기가 나온다. 도겐 선사가 물었다. "그 나이에 무엇 때문에 쌀 방아를 찧고 있나요?" 그러자 공양주가 말했다. "제가 안 하면 누가 하겠습니까?" 일면 이 대답은 만족스러운 답이지만 또 한편으로는 그렇지도 않다. 만족스러운 답인 이유는 남들을 위해 수행을 계속하는 것도 중요하기 때문이다. 우리는 수행의 그러한 측면도 강조한다. 하지만 수행의 다른 한 쪽인 자신을 위해 수행해야 한다는 쪽 역시 강조하고 싶다. 자신이 수행자의 삶을 선택했기 때문에 수행하는 것, 그리고 그것이 우리가 선택할 수 있는 가장 훌륭하고 즐거운 삶의 방식이기 때문에 수행하는 것 말이다. 그런 이기적인 이유로 수행하라. 그리하면 모든 사람에게 혜택이 돌아간다.

선수행과 즐거움을 양분하여 하나를 선택할 이유는 없다. 선수행을 고행으로 접근할 필요는 더더욱 없다. 재미를 보라는 것이 아니다. 숙취를 남기는 거친 즐거움, 충족감을 주지 못하는 그런 즐거움이 아니라 참다운 즐거움, 품격 있는 즐거움을 누리라는 것이다. 혹여 이 수행이 즐겁지 않다는 편견을 가지고 있는가? 선수행은 즐거움이다. 우리는 좌선에서 즐거움을 얻는다. 그런 다음에 밖으로 나가 흰 눈을 보고 푸른 하늘을 보면 그것들이 이전과는 다르게 다가온다. 법이 가져다주는 그런 섬세하고 우아하고 명료한 안목이 바로 고요하고 텅 빈 즐거움이다.

우리는 몸과 마음이 느끼는 것보다 더 잘 느낄 수는 없다. 몸이 최대한 건강하고 이완되어 있다면 그보다 더 좋을 게 무엇이겠는가? 많은 사람이 더 좋은 것이 있다고 우리를 설득하려 한다. 우리가 거기에 관심을 두면 그들이 돈을 벌 수 있기 때문이다. 하지만 삶에서 진정한 아름다움은, 가장 절묘한 깨달음은, 가장 작고 가장 고요하고 가장 단순한 것들 속에 들어 있다. 우리의 마음이 고요하다. 나뭇잎 하나가 떨어진다.

가짜 거북이 수프를 노래할 때 그는 "나의 노래"를 노래하는 월트 휘트먼에 못지않다.

기름지고 파아랗고 먹음직스러운 수프.

따뜻한 그릇에 담겨 우릴 기다리고 있네.

그런 별식에 허리 굽히지 않을 이가 있으랴.

저녁의 수프, 먹음직스러운 수프!

저녁의 수프, 먹음직스러운 수프!

수많은 법맥의 조상들이 지금 이 순간의 즐거움을 전하려고 노력했다. 《벽암록》에 보면 장사(長沙景岑, ?~868) 스님의 이런 말이 나온다. "처음에 나는 향기로운 풀을 따라나섰네. 이제는 떨어지는 꽃을 찾아 돌아왔네." 그에 주지 스님은 이렇게 화답한다. "그대는 봄으로 충만하구나."

선사들이 "어디에도 가지 않는다"는 말을 할 때 그것은 마음이 어디에도 가지 않는다는 의미이다. 즉 마음은 그 무엇도 좇아다니지 않고 그래서 평정을 유지한다는 말이다. 그 고요한 마음을 얻으려고 수행함에 있어 우리는 때로 그것이 좋은 일이라서 하고, 그것이 우리를 발전시켜 주리라 생각해서 하고, 또는 스승이 그리하라 하니까 하기도 한다. 하지만 그 속에 삶의 진정한 즐거움이 있다는 것은 잘 깨닫지 못한다. 우리는 고요하고 깨어 있는 마음이 섹시하지도, 강렬하지도 않다고 생각한다. 그저 고요한 것이고, 그렇게 많은 고요함은 좋지 않다고 들은 적도 있다. 우리는 답을 듣는다. 그런데 질문은 무엇이었던가? 우리는 의미를 찾아다닌다. 의미는 무엇인가? 사랑의 의미는 무엇인가? 비의 의미는 무엇인가?

전에 20세기 고전음악으로 연주회를 연 피아니스트 이야기를 들은 적이 있다. 그녀가 연주하는 작품은 불협화음으로 가득해 듣기 힘들어하는 청중이 꽤 있었다. 그녀가 한 작품 연주를 끝내자 청중 하나가 손을 들고 물었다. "그것은 무엇을 의미합니까?" 그러자 그녀는 방금 연주했던 그 곡을 다시 한 번 연주했다.

우리가 찾아다니는 일을 그만두고 이 순간의 고요 속에 앉아 있을 때 엄청나게 광대한 의지와 용기의 샘을 발견할 수 있다. 고대 무사에게 명예는 생사生死보다 더 중요했다. 아름다움 역시 생사보다 더 중요했다. 내가 하려는 말은 수행이 생사보다 더 중요하다는 것이다. 도겐 선사는 말했다. "수행과 하나가 되는 것은 깨달음과 하나가 되는 것이다." 수행과 깨달음은 같은 것이다.

영화 〈킬빌2〉에는 여주인공 키도가 야쿠자 일당과 싸워 이기는 장면이 있다. 폭력이 난무하는 듯한 이 장면은 실은 웃음을 주기 위해 유머 차원에서 넣은 것이었다고 한다. 종국에는 가장 어린 녀석 하나만 칼을 든 채 남는다. 그 칼을 손으로 쳐서 떨어뜨린 키도는 녀석을 엎어놓고는 엉덩이를 때려준다. 그러고는 칼을 돌려주며 말한다. "이

건 나쁜 놈들하고 어울린 벌이다. 이제 집으로 가라, 엄마한테!"

참으로 간단하다. 그 어린 갱은 그저 길을 잃었을 뿐이다. 터무니 없는 것을 원해서 마음의 평정을 잃고 비틀거릴 때 우리는 곧장 엄마 에게 가야 한다. 물론 일상생활에 필요한 실용적인 것들을 말하는 것 은 아니다. 음식이 충분하고 따스한 보금자리가 있는 것은 좋은 일이 다. 하지만 행복이 더 많이 가지는 데 있다고 생각하고 끝없이 돈을 좇는 것은 어리석은 일이다. 게다가 그 방법이 통하지도 않는다. 우 리 마음이 바로 어머니이다. 집으로 가라, 어머니에게로 가라.

우리는 훌륭한 선물을 받았다. 실은 선물도 아니다. 그저 있을 뿐 이다. 우리에겐 좀 더 긍정적인 기상으로 수행할 힘이 있다. 매우 천 천히 수년에 걸쳐, 수많은 겨울과 폭풍우를 겪고 난 후 우리는 서서 히 마음의 주인이 된다. 마음이 고요해지기 시작하면 쉽게 겁먹거나 허둥대지 않는다. 생사의 두려움이 조금씩 가시기 시작한다.

삶에는 좋은 일들이 아주 많다. 그러니 우리는 그것들을 음미해야 한다. 오직 어머니가 누군지만 잊지 말라. 좌선으로부터 알게 되는 것은 수행에 대한 서원이 깊을수록, 깊이 이해하고 성숙하여 근원이 어디 있는지를 알수록 수행이 달라진다는 점이다. 사람들의 성공을 경멸하지 말라. 찬성하지도 반대하지도 말라. 그것이 바로 조사들의 말씀이다. 그 무엇에도 찬성도 반대도 하지 말라.

우리는 깨달음을 선택한다. 우리는 미혹을 선택한다. 우리는 깨달음을 선택하지 않는다. 우리는 미혹을 선택하지 않는다. 깊은 이해는 밑에서 저항하지 않는다.

"거기에 의미가 없다면 우리가 고심할 필요가 없는 거지. 알다시피, 의미를 알려고 노력하지 않아도 되니까."
왕이 말했다.

결혼을 할 때 배우자에게 느끼는 유대감은 결혼식 날 당일에 생기는 것이 아니다. 그것은 이미 존재한다. 우리는 이미 파트너와 연결되어 있는 것이다. 결혼식이 감정을 만들어주는 것이 아니다. 단지 감정을 가시화할 뿐이다. 마찬가지로 수행이 우리 삶의 답이라면 수행을 통해 우리는 인류에 대한 연대성을 드러내는 것이다. 우리가 연대성을 만드는 것이 아니다. 그것은 이미 존재한다. 우리는 인류 전체와 깊은 관계가 있다. 수행을 오래도록 깊이 하면, 인류 전체에 대해 마음을 열 수 있다. 전인류와 하나라는 그 느낌은 점점 더 크고 명료해진다. 사람들과의 관계가 수행을 바탕으로 이루어질 때 그 관계는 정신적인 것이 된다. 이런 에너지는 마음 한구석에, 즉 우리 안에 존재한다. 아무도 하루 만에, 일 년 만에, 십 년 만에, 이십 년 만에 깨어날 수는 없겠지만 우리는 이미 집에 와 있다. 우리는 이미 어머니를 찾았다. 우리는 아름다움과 진정한 인간관계의 원천을 찾았다.

이제 집을 떠나는 일을 실천하자. 하지만 집을 떠나는 것은 무엇인가? 그것은 우리 자신에게로 돌아오는 일이다. 누구도 집으로 돌아오는 것을 두려워해선 안 된다. 집은 다른 사람들에 관한 것이 아니다. 그것은 가장 즐겁고 가장 평화롭고 아름답고 명예롭고 박애적인 삶의 방식을 발견하고, 그런 다음 그것에 헌신하는 일이다. 더 이상 걱정할 일이 없다. 부처가 되고 싶으면 그것도 좋다. 마음이 어머니다. 이제 어머니에게로, 집으로 돌아가라.

다섯. 비어 퐁

"괜찮으시다면 저는 조금만 더 크면 좋겠어요. 8센티미터는 좀 비참한 키잖아요." 앨리스가 말했다.

"그보다 더 좋은 키는 없다." 애벌레가 화를 내며 말했다. 그 말을 하며 애벌레는 똑바로 섰는데, 그 키는 정확하게 8센티미터였다.

내가 속한 선의 법맥은 임제종과 조동종 양쪽에서 법을 받았다. 나는 조동종의 특성인 부드러운 가르침의 스타일을 다 섭렵했다. 그리고 임제종의 특성인 스스로 하는 공부 방식도 닦았다. 이런 것들이 물론 확실하게 정의된 것은 아니지만 임제종 스승들은 예술, 다도, 음악과 검도, 유도 등에 큰 관심을 보인다. 일본의 전통무술은 부드럽고 수용적인 마음에서 무심으로 가는 여정으로 알려져 있다. 이 여정과 관련된 일화들이 많이 있다.

중세 일본에서 한 젊은이가 검의 달인에게 무술을 배우러 떠났다. 스승은 젊은이에게 밥을 지으라 하고 잡다한 일만 시킬 뿐 검술은 도통 가르쳐주지 않았다. 종국에는 학생도 불평했다. 그래도 스승은 아무 말이 없었다. 어느 날 학생이 자리에 누워 낮잠을 자는데 스승이 빗자루를 들고는 학생을 내리쳤다. 이 이야기는 중세 일본에서 일어난 일로 당시 학생들은 좋든 싫든 스승이 지시한 일을 다 해야만 했다. 다음 날엔 국을 끓이고 있는 학생에게 스승이 뒤로 다가와서는 커다란 숟가락으로 머리를 때렸다. 이후로는 학생이 잠을 자든 않든 스승은 기회가 있을 때마다 손에 집히는 대로 물건을 집어 들고는 학생을 공격했다. 학생은 미칠 지경이었다. 학생은 스승에게 말했다. "저는 이러려고 여기에 온 게 아닙니다." (불교 수행 현장에서도 이 비슷한 말을 자주 듣게 된다.)

여전히 스승은 학생을 계속 때렸고 그렇게 시간이 한참 흘러갔다. 아마도 학생이 착한 학생이었을 것이고, 또 무턱대고 그만둘 수는 없었을 것이다. 어느 날 학생이 장작불을 피워 국을 끓이던 중 다시 스승이 커다란 몽둥이를 들고 뒤에서 다가왔다. 스승의 몽둥이가 막 떨어지려는 찰나에 학생은 솥뚜껑을 휙 낚아채서는 몽둥이를 막았다.

이런 일이 두어 번 더 있었다. 스승은 학생이 잠자는 동안 공격하려 했지만 맞기 직전에 학생은 몸을 돌려 돌아누웠다. 이윽고 스승은 학생을 한 대도 때릴 수가 없게 되었다. 그제서야 스승은 말했다. "이제 정식으로 검술 훈련을 시작해도 되겠다."

중세 일본에서 검은 정신의 연장선으로 여겨졌다. 훈련 자체는 별로 변한 게 없다. 한때 나는 훌륭한 스승인 존 에스포지토에게 재즈 피아노를 공부했다. 한 시간으로 정해진 레슨은 흔히 세 시간으로 연장되기도 했는데 그가 음악에 헌신적이고 강한 정신의 소유자였기 때문이다. 언젠가 그가 연습하라고 준 곡을 아무리 해도 연주할 수가 없던 적이 있다. 계속 좌절하자 마침내 나는 물었다. "이 부분은 왼손으로 하나요, 아님 오른손으로 하나요?" 그는 그저 웃었다. 한마디 말도 없이 내 옆에 앉은 그는 내가 곡을 치려고 이렇게 저렇게 애쓰는 모습을 한동안 지켜보고만 있었다. 얼마 후 그는 그 곡이 어떤 손으로 만들어졌는지 아느냐고 물었다. 나는 여전히 모르겠다고 대답했다. 그는 나의 가슴을 가리키며 말했다. "바로 그 손으로 만들어졌지요."

앨리스처럼 나도 무언가가 예측한 것과는 다르다는 것을 자주 발견한다. 때로는 우리 자신이 어려움을 만들어내는 장본인이기도 하다.

정원 입구에 커다란 장미 나무가 서 있었다. 그 나무에

서 핀 장미꽃은 흰색이었는데 정원사 세 명이 달려들어
거기에 붉은 칠을 하고 있었다.

겐포 노사는 늘 학생들을 가르친다. 언젠가 노사의 집에 갔는데 노
사는 집 근처에 있는 '양보' 교통표지에 대해 20분이나 말씀을 했다.
거기 분명 교통 표지판이 있는데도 사람들이 무시하고 그냥 막 지나
간다는 것이었다. 그로부터 석 달이 지난 후에야 나는 노사가 그 당
시 내 이야기를 했다는 것을 알게 되었다.

이런 가르침에 숨어 있는 역설은, 앞서서 그런 이야기를 하는 것은
매우 즐겁지만 그런 가르침을 실제로 받는 것은 재미가 없다는 것이
다. 공부를 할 때는 스승 곁에서 많은 시간을 보낸다. 그리고 때론 이
보다 더 불쾌한 일이 없다. 에고가 배우고 싶지 않은 일을 배우게 만
드는 일은 쉽지 않기 때문이다. 자신이 방식을 바꾸어야 한다거나 방
금 부적절한 말을 했다거나, 자신의 이해가 깊지 못하다거나, 가르침
을 삶에 실천하지 못하고 있다거나 하는 말을 듣고 싶은 사람은 없을
것이다.

오랫동안 공부한 사람들을 가르치기는 더욱 어렵다. 이들은 더 이
상 배울 게 없다고 생각하기 때문이다. 그래서 우리는 어리석은 사람
들이 좋은 학생이라고 한다. 이들이 바로 아무것도 모르는 사람들이

다. 어리석은 것은 좋은 일이다. 이런 맥락에서 이 말이 이해가 가지 않으면 자신의 인간관계에서 이 말을 생각해보라. 당신은 무한히 똑똑해서 당신이 하는 말은 하나도 듣지 않는 사람이 곁에 있기를 원하는가, 아니면 당신 말을 듣는 사람이 곁에 있기를 원하는가?

석가모니부처님은 인도에서 태어나셨다. 이름은 고따마 싯닷타였고 사꺄족의 명문 왕가에서 태어났다. 열아홉 살에 결혼을 해서 편안한 시간을 보내던 그는 어느 날 스물여덟 살이 될 무렵 전속 마부와 함께 성 밖으로 외출을 나갔다. 그는 병든 사람들, 팔다리가 없는 사람들, 고통을 겪는 사람들, 죽어가는 사람들을 보았다. 마부는 말했다. "이것이 삶입니다. 이것이 우리에게 일어나는 일입니다. 그리고 이 일은 왕자님께도 일어날 겁니다." 그때 싯닷타는 자신이 지금까지 꿈과 같은 삶을 살아왔음을 깨달았다. 그는 집과 가족을 떠나 자신이 깨어날 수 있는 방법을 찾아보았다.

이는 우리도 마찬가지다. 우리도 모두 머잖아 죽을 것이다. 하지만 우리는 그런 생각을 하지 않는다. 다른 것들만 생각한다. 저명한 종교인이나 정신 지도자들은 몸이 아플 때 갑작스러운 전환 체험을 한 경우가 많다. 나 역시 그랬다. 18년간 선을 배우는 학생이던 나는 어느 날 길랑바레 증후군에 걸렸다. 2년 동안 거의 움직일 수도 심지어 말할 수조차 없었다. 마침내 병이 나았다고 생각했던 크리스마스 이

브에 오랜 병석을 털고 일어나 걷다가 그만 넘어져 발목이 부러졌다. 이후 몇 달 동안 나의 마비 증세는 더욱 악화되었다. 한때는 통나무처럼 꼼짝할 수 없던 적도 있었다.

발목이 부러졌을 때 나는 병원에 가야 했다. 크리스마스를 병원에서 지내는 것은 정말 처량한 일이다. 아무도 그날 일하고 싶은 사람이 없기 때문이다. 병원에는 가장 우울하고 불친절한 사람들만 모여 있었다. 끔찍했다. 얼마 후 그들은 혈장분리반출술이라는 것을 시술했는데 한쪽에서는 내 몸 안에 피를 계속해서 주입하고 또 한쪽에서는 계속 빼내는 일이었다. 이 시술 중에 혈압이 일정하게 유지되지 않으면 죽을 수도 있다고 했다. 그런데 내 혈압은 안정되지가 않았다. 나는 간호사에게 내 혈압이 얼마나 떨어졌는지 물었다. "한 20/10 정도요." (정상혈압이 120/80이라면 이 사람은 100/70이 되었다는 말 – 옮긴이)

그때 나는 내게 일어나는 일을 새로운 차원에서 이해할 수 있었다. 나는 죽을 것이었다. 만약 금방이 아니라면 조만간 죽을 것이었다. 나는 병이 들고 그리고 죽을 것이었다. 그것이 바로 싯닷타가 이해한 것이었다는 생각이 들었다. 다른 누군가가 병이 들어 죽는 것이 아니었다. 싯닷타 본인이 병이 들고 죽게 될 것이었다. 그때 그는 답을 찾아야겠다고 결심한 것이다.

길을 나선 그는 수행하겠다며 집을 떠나 이리저리 떠돌아다니는 많은 사람을 만난다. 그들은 대부분 고행을 하고 있었다. 그들은 고기나 우유를 먹지 않았고 최소한의 야채만을 먹었으며, 몸이 병들도록 자리에 앉아 명상을 했다. 그들은 몸을 이상한 자세로 꼬았고 때로는 채찍으로 때리기까지 했다. 싯닷타도 오랫동안 고행을 했다.

2년 전 즈음 아내와 나는 아들과 함께 로드 아일랜드에서 열리는 조카의 결혼식에 참석했다. 내가 동부인 로드 아일랜드에서 즐겨하는 일은 미국 서부 지방에 대해 불평을 해대는 일이다. 내가 사는 유타의 날씨에 대해, 태양, 계절, 눈 등에 불평을 해댔다. 이후 유타의 집으로 돌아와서는 다시 로드 아일랜드에 대해 불평한다.

여기에 어떤 무지한 영악성이 숨어 있다고 생각하는 사람도 있을 것이다. 다른 곳을 불평함으로써 우리가 지금 있는 곳에 대한 행복감이 더해지는 것이다. 마치 로드 아일랜드에 도착하자마자 서부에 대한 불평을 늘어놓으면 로드 아일랜드에서 더 행복해지는 듯이 말이다. 그런데 그게 쉽지가 않다.

> "하나도 같지 않아!" 모자장수가 말했다. "그것은 '나는 내가 먹은 것을 본다.'가 '나는 내가 보는 것을 먹는다.'와 같다고 말하는 것과 같아."

그러자 삼월토끼가 나섰다. "차라리 '나는 내가 가진 것을 좋아한다.'가 '나는 내가 좋은 것을 가진다.'와 같 다고 그러지 그러니."

결혼식에서는 몇몇 젊은이들이 밤늦게까지 '비어 퐁'이라는 게임을 즐기며 놀았다. 비어 퐁 게임에서는 탁자 양쪽에 맥주가 가득 찬 유리잔을 늘어놓는다. 양 팀이 탁자 양쪽으로 정렬한 후 한 사람씩 반대편에 놓인 유리잔 안에 탁구공을 던져 넣는다. 점수를 다 합쳐 진 팀이 잔에 담긴 맥주를 다 마신다. 그렇게 얼마쯤 시간이 지나면 모두 마시고 싶은 대로 마신다.

아마도 사꺄왕국에도 싯닷타가 진리를 찾아 떠나기 전 즐기던 비어 퐁 비슷한 게임이 있었을 것이다. 싯닷타는 자신의 삶에 질병, 늙음, 죽음이 수반되리라는 것을 알았다. 그는 자신과 주변의 모든 사람들이 비어 퐁 게임을 하고 있음을 알아차리고는 어떤 시점이 되었을 때 말했던 것이다. "오케이, 이것은 아닙니다. 나는 더 알아보고 싶어요. 이렇게 그냥 주저앉아서 늙어 죽기만을 기다릴 수는 없어요." 아마도 그는 다른 사람들보다 더 예민하고 두려웠는지도 모른다. 그는 죽음의 문제를 해결하고 싶었다.

한동안 고행을 한 후 싯닷타는 자신의 몸에 좀 더 온건한 방법을 택하기로 했다. 그는 실재를 꿰뚫어보는 것을 자신의 수행으로 삼았다. 그리고 모든 것이 하나임을 알게 되었다. 그는 만물과 하나였을 뿐만 아니라 다른 모든 사람들 역시 그러했다. 그는 이렇게 알게 된 것을 남들과 나누고 싶었다.

처음에는 그런 일이 불가능하리라 생각했다. 그가 깨달은 것은 말로는 설명할 수 없었고 오직 체험으로만 알 수 있었다. 그가 밖으로 나가 사람들에게 그것에 대해 말했을 때 어떤 사람들은 열려 있어 그 말을 듣고 자기들도 깨어날 능력이 있음을 알게 되었다.

음주와 비어 퐁을 실컷 즐긴 후에 마침내 결혼식이 시작되었고 질녀 제시는 남자친구와 결혼했다. 두 사람은 7년 동안 함께 살았는데 이제 마음의 준비가 되었던 것이다. 이것이 서양에 사는 많은 사람들의 삶이다. 우리는 자녀를 낳고, 가족을 이루고, 비어 퐁 게임을 하고, 늙고, 병들고 그리고 죽는다.

부처가 삶의 의미를 몰랐던 이유는 우리가 모르는 이유와 같다. 즉 그는 이미 삶의 의미를 알고 있다고 생각한 것이다. 그는 모든 것이 무엇인지를 그에게 말해주는 사회에 둘러싸여 있었다.

마침내 자리에 앉아 명상에 들었을 때 부처가 배운 것은 하나도 없다. 오히려 배운 것을 다 버렸다. 모든 생각과 친밀한 인간관계와 좋아하는 것들을 다 놓아버렸다. 그러던 어느 날 아침, 그렇게 오랫동안 열심히 명상을 한 후에, 한순간 그는 아무것도 모르게 되었다. 바로 아무것도 모르는 그 한순간에 그는 샛별을 보았고 그와 샛별은 분리된 개체가 아니었다. 시간도 공간도 아무것도 없었다. 오직 한 가지만 있었으니, 자신에 대해 지금까지 알던 모든 것이 꿈만 같았다. 마치 이런 말을 하는 상황과도 같았다. "내가 잠이 들었는데 석가족의 고따마 싯닷타가 된 꿈을 꾸었어. 그리고 내가 절대자라는 것을 잊어버렸지." 그는 자신의 주변에 있는 모든 사람이 동일한 꿈을 꾸고 있음을 알아차렸다. 그들 역시 자신들이 분리된 정체성을 가진 생물이라고, 고통을 받다 죽는 존재, 잠시 우주를 지나가다 그냥 사라지는 존재라고 생각하고 있었다.

부처님은 남들에게 자신의 지혜를 말해야 한다고 생각했지만 그 방법론을 알 수 없었다. 사람들에게 그들이 있는 그대로 절대적 존재라고, 그들이 가장 소중하다고 말해주면 아무도 믿지 않으리라는 생각이 들었다. 말로는 설명할 수 없는 그 경지를 어떻게 알려야 할지 알 수가 없었던 부처님은 아무 말도 하지 않고 나흘을 보냈다. 그러고는 시도를 해보기로 결심했다. 이후 부처님은 여생을 수행하고 가르치며 보냈다.

부처님 당시에는 '불교'라는 것이 없었다. 부처님은 단지 자신이 누구인지를 깨달은 사람이었다. 깨달은 순간 부처님은 늙지도 젊지

도 않았고, 남자도 여자도 아니었으며, 인도인도 흑인도 백인도 황인

도 아니었다. 자신이 누구인지를 안 사람, 당시 깨달은 사람은 다름

아닌 바로 당신이다. 대체로 당신은 자신이 37세 또는 57세라고, 또

는 남자나 여자라고 말하며 돌아다니지 않는다. 당신은 그저 당신일

뿐이다. 아니 그런가? 깨달음의 순간 부처님은 당신의 가장 깊은 곳

에 있는 당신이었다. 그것은 당신의 생각이 자리한 부분의 당신은 아

니었다.

　로드 아일랜드의 결혼식에서 한동안 술을 마신 후 우리는 춤을 추

었다. 우리는 웃었다. 우리는 서로 등을 때리고 다시 포옹을 하고 그

러고는 또 한동안 더 춤을 추었다.

　부처님은 만물이 무상無常함을 보았다. 모든 것이 우리가 보내는

좋은 시간도 직업도 우리가 결혼하는 배우자도 일정 시간 머물다가

사라지는 것을 알았다.

　결혼식이 끝난 후 우리는 시카고를 경유하여 집으로 돌아올 예정

이었다. 그런데 폭풍이 불어 비행기가 뜨지를 못했다. 나는 비행기

안에서 그저 기다리는 시간이 즐거웠다. 세 시간이나 독서를 할 수

있었기 때문이다. 평소에는 내게 조용한 시간이 별로 없다. 마침내

항공사 측에서 당일 이륙이 불가능하니 내리라는 안내 방송을 했다.

이제 미국 전역에서 비행기를 타고 온 이천여 명의 사람들이 호텔방

을 잡아야만 했다. 서로 다투어 버스에 오르려고 난투극이 벌어졌다. 서로 밀치고 고함을 지르며 이들은 다른 사람을 밟고서라도 지나갈 태세였다. 그런 상황 역시 삶의 일부다. 삶이 좀 더 여유롭고 마음에 드는 것으로 바뀌기를 기다리는 동안 삶은 그렇게 흘러간다.

우리도 택시를 타고 호텔로 향했다. 운전기사는 친절했지만 창문을 닫은 채 담배를 피워댔다. 몇 년 동안 담배를 끊었던 나는 담배 연기를 들이마시는 것도 즐거웠다. 호텔에 도착하자 사람들이 길게 줄을 지어 서 있는 것이 눈에 들어왔다. 방을 배정받기까지 3시간을 그렇게 서서 기다려야만 했다. 다트 대회에 참여한 사람들이 묵고 있던 그 호텔에는 중서부에서 온 수백 명이 모두 얼큰히 취해서 다트를 던지며 오가고 있었다.

"그들은 공정한 경기를 하지 않아요." 앨리스가 불평끼가 섞인 어조로 말을 시작했다. "또 얼마나 지독하게 싸우는지 자신의 목소리도 들리지 않을 정도예요. 게다가 뭐 규칙도 없는 것 같고, 또 만약 규칙이 있다 해도 아무도 거기엔 신경을 쓰지 않는 것 같아요."

그 낯선 시카고의 호텔 방에서 나는 완전히 닻을 올렸다고 느끼면서도 이상하게도 고향에 온 것 같은 기분이었다. 나는 인도의 시골을 방랑하는 싯닷타를 생각했다. 우리가 어디를 가든 얽히고설킨 인간 상황, 그 낯설고도 익숙한 인간의 조건이 모습을 드러낸다. 우리는 내쉬는 숨 속에서 안정을 찾고, 지금 이 순간의 자각을 우리 삶의 유일한 순간으로 여긴다.

부처님이 자신이 누구인지를 깨달으셨을 때 세상 만물과 하나됨을 보았고 그래서 부처님은 어디서든 고향에 온 것처럼 편안했다. 부처님의 수행은 계속해서 상기하는 것이었다. 이것이 열반이고, 이것이 깨달음이고, 나의 삶이 깨달음이라는 것을 말이다. 만약 부처님이 팀북투에 가셨다면 그곳을 좋아하셨을 것이고, 한국에 가셨다면 그곳의 삶도 좋아하셨을 것이며, 유타에 머무셨다면 거기도 좋아하셨을 것이다. 어디를 가든 부처님은 편안했다. 해탈로 가는 길, 생사와 질병을 떠나는 길은 바로 지금 있는 그곳에 있는 것, 아무 데도 가지 않는 것임을 부처님은 깨달으신 것이다. 한 사람이 자기가 있는 그곳에 있을 때, 아무 데도 가지 않을 때, 그들은 평화롭고 행복하며, 심지어 로드 아일랜드에 있다 해도 그들은 하나이기 때문이다.

조동종의 전통에서는 '지관타좌只管打坐'라는 좌선을 한다. '지관'은 '오직' 또는 '하나가 됨'의 뜻이며 '타좌'는 '좌선'을 의미한다. 오직 앉을 뿐, 앉아서 선에 들 뿐 다른 목적은 없는 것이다. 우리는 깨달음을 얻으려고 좌선하지 않는다. 이미 깨달음의 능력을 가졌기 때문이다. 우리는 그저 좌선하기 위해 좌선하고, 그러면서 이미 우리 안에 있는, 만물과 연결되었다는 의식을 체험하는 것이다. 우리가 '지관'이라는 말을 사용할 때 그것은 우리가 어디에 있든 무엇을 하든, 삶의 어떤 순간에도 우리는 그것과 하나라는 의미이다.

우리가 무엇을 하든 그것과 하나가 될 수 있을 때 그것밖에는 아무것도 없고, 그것과 비교할 아무것도 없고, 걱정할 것도 하나 없고, 다른 아무것도 없는 것이다. 바로 이 순간 우리가 보는 일을 멈추고, 느긋하게 사물을 받아들인다면 우리가 바로 '지관'인 것이다. 아무것도 찾지 않고 아무것도 분석하려 하지 않고 그저 심호흡을 한 후에 바로 여기에 존재한다면 그것이 바로 부처다. 당신이 부처이다. 그 이상은 알아야 할 것이 없다. 이것이 열반이다. 이것이 저쪽 언덕이다. 모든 조각 하나하나가, 모든 순간이 다 저쪽 언덕이다. 우리가 저쪽 언덕에 도달하지 못하는 이유는 계속 저쪽 언덕으로 가려고 노력하기 때문이다. 여기가 바로 저쪽 언덕이다.

여섯. 기계적으로 연주하지 말라

"나는 기본 과목밖에 못 배웠어."

"어떤 과목인데요?"

"당연히 '비틀거리기'와 '꿈틀거리며 기어가기'를 배우지." 가짜 거북이 대답했다. "그런 다음에는 여러 가지 산수 과목을 배워, '야망' '소동' '추하게 망쳐놓기' 그리고 '조롱' 이야."

처음 선산사에서 수행을 시작할 때 나는 예기치 못한 경험을 한 번했다. 장기 안거에 들어갔는데 한 일주일 정도 지나자 그동안 내가한 모든 생각, 내가 배운 모든 것이 그저 그렇다고 믿은 것들이었음을 깨달았다. 무언가를 찾으려고 들어간 안거에서 기존 개념들이 날아가 버리자 놀라운 순간이 찾아왔다. 나는 너무나 자유로웠다. 나는 그 무엇도 믿을 필요가 없었다. 나를 덮어 누르고 있던 모든 지식에서 빠져나왔다. 그동안 보이지 않는 밧줄로 나를 옭아맸다는 것을 알게 되었다. 이후 나는 이 사실을 잊어본 적이 없다.

사람들을 가르치다 보면 내가 어떤 말이나 행동을 했을 때 곧바로 감정적 반응을 보이는 경우가 많다. 핵심을 알아차리지 못하고 내가 그들을 "인정하느냐" "인정하지 않느냐"로만 해석하려 한다. 나 역시 공부를 하던 중 스승 겐포 노사에게 그리한 적이 수없이 많다. 여기서 인정하고 않고는 중요한 것이 아니다. 그 말에 담긴 뜻을 이해해야 한다. 내가 그들을 화나게 하려고 작심해서 그런 것이 아니다. 도겐 선사는 우리가 무심으로 공부하고 동시에 마음으로 공부한다고 했다. 내 말은 수행을 너무 단순화하지 말라는 것이다. 마음에 휘둘리느라 정신을 놓아버리지 않았다면 우리 마음을 사용할 수 있는 것이다.

한 라디오 인터뷰에서 재즈 가수 허비 행콕은 마일즈 데이비스와 나눈 대화를 털어놓았다. 마일즈는 대단한 스승이었다. 마일즈 데이비스 밴드에 들어간 초기에 허비는 아직 마일즈가 원하는 소리를 내지 못했다. 그러던 어느 날 밴드 멤버에게 난해한 지시를 내리는 것으로 소문이 나 있던 마일즈가 허비 쪽으로 몸을 기울이더니 특유의 쉰듯한 목소리로 말했다. "버터 음은 이제 그만 내라구." 수수께끼 같은 그 말을 한동안 숙고하고 나서야 허비는 마침내 그 뜻을 이해했다. 너무 쉽게 너무 기계적으로 연주하지 말라는 것이었다. 이후 허비의 연주는 영원히 변했다고 한다.

최근 나는 유타주 남부 사막에 있는 아름다운 마을 해치 포인트에서 안거를 했다. 안거에 들어가면 학생들이 어떻게 수행하는지 또 다양한 상황에 어떻게 반응하는지 지켜볼 수 있을 뿐 아니라 스승 역시 자신의 수행을 관찰할 수 있다. 사람들은 모두 한구석 막힌 곳이 있고 자신을 지켜보는 일을 통해 그 막힌 곳에서 벗어날 수 있다. 마에즈미 노사는 이런 작업을 "매듭을 풀어낸다"고 표현했다. 때로는 멀리 떠나 일상을 벗어나는 것이 매듭을 풀어내는 데 도움이 된다.

안거 중에 우리는 입문식을 했다. 참가자들이 원형으로 둘러선 다음 모든 사람이 다른 참가자에게 일일이 인사하는 시간을 갖는다. 이후 독경, 염불, 절수행, 걷기 명상을 통해 이들은 각자의 자성에 경배했다. 이런 의식을 하는 이유는 공동체 상가가 없이는 깨달음도 없다는 사실을 마음에 새기기 위해서다. 개인적 깨달음이라는 것은 없다.

때로는 나란히 앉아 수행을 해도 서로 가까워지지 않는 경우도 있다. 하지만 이렇게 서로 관계를 맺고 소통하는 연습을 하지 않는다면 불교수행을 한다고 볼 수 없다. 상가가 열쇠를 쥐고 있다. 상가가 훌륭한 도구인 것은 시간이 흐르면서 우리 자신을 드러내 보여주는 것이 상가이기 때문이다. 당신이 무엇이든, 당신의 잡동사니가 어떤 것이든, 어디에서 막혀 있든 상가와 어느 정도 시간을 함께한다면 마침내 상가의 모든 구성원이 그것을 알게 되고 당신마저도 알게 된다.

상가는 다각적 양상을 지닌 교육 수단이다. 그러니 마음을 열고 상가를 대하라. 상가는 우리가 자신을 볼 수 있는 눈을 기르도록 가르쳐줄 수 있다. 만약 한 사람이 내가 말이라고 한다면 나는 말일 수 있다. 만약 두 사람이 내가 말이라고 한다면 나는 말일 수도 있다. 하지만 만약 세 사람이 내가 말이라고 한다면 나는 안장을 준비해야 할 것이다. 우리가 상가에 자신을 덜 노출할수록 시간은 더 오래 걸린다. 의식이 맑다면 에고를 볼 수 있을 뿐 아니라 에고를 초월하는 그것도 볼 수가 있다. 이렇게 자신을 공부하는 데 마음을 사용하는 것이다.

마음은 여러 가지 방식으로 나타난다. 수행을 믿는 마음을 집을 떠나는 마음이라 하여 '출가出家'라 부른다. 집은 우리가 집이 무어라 생각하든 그것이겠지만 집을 떠나는 방식은 저마다 다르다. 내가 집을 떠난 것은 수행하기 위해 유타주의 칸제온 선원으로 몇 사람과 함께 오면서였다. 우리는 직업도 버리고 친구와 수입원도 버렸다. '출가심'이란 것은 수행하기 위해 이전의 마음과, 그 마음에 애착한 것들을 버리는 것이다. 수행을 위해 아무것도 버리지 않는다면 무언가를 새로 담을 그릇을 만들지 않는 것이다.

우리는 저마다 무언가 다른 것을 버려야 한다. 어떤 사람은 화를 버려야 하고, 또 어떤 사람은 고향을 버려야 하고, 어떤 사람은 걱정과 두려움을 버려야 하고, 또 어떤 사람은 남들에게 둔감한 성품을 버려야 한다. 오랫동안 수행을 한 후에야 비로소 우리 마음이 얼마나 시커먼 시궁창이 될 수 있는지 알게 된다. 수행이나 마음공부를 하지 않고 내버려둘 때 마음이 별로 행복한 곳이 될 수 없다는 것도 알게 된다. 그걸 알게 되기까지 오랜 시간이 걸린다. 마음을 잘 살펴보면 두려움이 보인다. 두려움은 우리 자신과 우리의 삶 사이에 벽을 쳐버린다. 두려움은 우리를 상하게 하고 마비시킨다. 그런데 하도 자주 두려움에, 또는 그 사촌인 불안에 사로잡힌 나머지 이제는 우리가 불안하다는 사실조차 눈치채지 못하고 있다. 그저 그 두려움의 자리에 머물며 두려움의 행동만을 할 뿐이다. 우리는 불안과 투사와 분노를 행동으로 옮긴다. 다만 의식하지 못할 뿐이다. 우리는 허비 행콕처럼 "버터음을 연주하며" 기계적으로 움직이고 있을 뿐이다.

나에게 배우는 학생 하나는 자신이 특별한 사람이라고, 성취형이라고 인정받고 싶은 욕구가 매우 강렬하다는 것을 깨달았다고 고백했다. 그녀가 자신의 욕망을 알아차리고 말로 표현한 것은 참으로 대단한 일이다. 사람들은 대부분 그저 욕망을 행동으로 옮긴다. 어떤 사람이 선원으로 들어와서 수행을 시작할 때 자신이 특별하고 독특하며 더 나은 사람이라고 인정받고 싶어 한다면 나는 그에게 전할 소식이 있다. 바로 그가 우리가 흔히 만나는 보통사람이라는 것이다. 특별한 사람, 남보다 탁월한 사람으로 인정받고 싶은 욕구가 없는 사람이 있다면 그가 바로 범상치 않고, 비범하며 특별한 사람이다. 주변에 그런 사람이 혹시 있는가?

우리가 몸으로 선수행을 시작할 때 최소한 두 가지 방식이 있다. 첫째 인간의 참 몸-별과 바람과 사막을 포함하는 몸-을 찾는 것이다. 인간의 참 몸에는 한계도 끝도 없고, 크기도 모양도 없다. 모든 것을 다 포함한다. 하지만 태어나서 적응하고 길들면서 인간의 참 몸을, 부처의 몸을 잊어버리게 된다. 자신을 잊어버릴 수 있다면 인간의 참 몸은 한 송이 꽃처럼 만개하여 피어난다. 동시에 인간의 참 몸을 깨닫기 위해서는 이 고깃덩어리인 육체를 사용해야 한다. 이 두 개의 몸은 하나이고 같기 때문이다. 이것이 문제인가? 그렇지 않다고 생각한다.

선산사에서의 수행은 육체적으로 고되었다. 그런 호된 수행을 하다 보면 옛습관이 되살아날 수 있다. 그래서 상가 일원 중 일부는 자신을 자비롭게 대하는 법을 잊어버렸다. 계속해서 좌선의 자리에 앉고 또 앉으며 무조건 밀어붙여 몸을 혹사한다. 그렇게 공부하는 사람은 견뎌내긴 하겠지만 그저 견디는 게 선수행은 아니다. 지금 이 순간을 있는 그대로 온전히 알아차리는 것이 선이다.

인크레더블 스트링밴드가 부르는 〈고슴도치의 노래〉 중에 이런 구절이 있다. "당신은 가사를 다 알고, 음도 다 맞게 부르지. 하지만 아직 노래는 익히지 못했어." 수행을 할 때도 모든 음을 맞게 연주하고 모든 말을 다 제대로 말할 수는 있지만, 그것은 노래가 아니다. 우리가 하는 수행 방식은 여전히 음에 머물 뿐이다. 그럼 어떻게 하면 노래를 만들 수 있는가? 한 가지 방식은 진심으로 하는 것이다.

수행을 할 때 도겐 선사가 말한 것처럼 몸으로 하고 마음으로 하는 것이다. 자신의 전체가 아닌 일부 작은 조각으로 수행하지 말라. 깨달음을 수행함에 있어 우린 눈만 떠서는 안 된다. 깨달은 마음 그 자체가 되어 수행해야 한다. 상가는 완벽한 가르침의 도구이고 우리 수행의 현주소를 보여주는 거울이다.

나는 25년간의 수행 끝에 공식 교육을 마쳤다. 이후 겐포 노사는 가르침을 전하는 스승에게 상가가 얼마나 중요한지를 말씀하기 시작했다. 즉 나에게 '전법'을 하여 법사로 만들 준비를 하신 것이었다. 당시 나는 선원을 운영하는 동시에 학생들을 가르치며 분주하게 사느라 그야말로 기계적인 음에 갇혀 있었다. 나는 내가 하는 일의 성과와 '선원을 위해서' 라는 추상적 개념에 너무나 몰두한 나머지 선원 공동체와 내 주변 사람들을 보지도 못하고 그들과 끈끈하게 연결되지도 못하고 있었다. 겐포 노사는 전에 말했다. 만약 선원에 지도자를 앉혔을 때 공동체의 신임을 얻지 못한다면 사람들은 그들의 발 아래로 그를 끌어내릴 것이다. 하지만 진정한 지도자라면 사람들은 그를 높이 밀어올릴 것이다.

이후 중요한 일이 일어났다. 나는 주변 사람들을 보기 시작했고 그들을 좋아하고 아끼기 시작했으며 그들을 친절히 대하기 시작했다. 그러자 내 삶이 변했다. 겐포 노사가 내게 전법을 하겠다고 공고했을 때 선원 식구들은 박수를 치며 기뻐했다. 이는 매우 드문 일이다. 상가가 얼마나 중요한지 이해하게 된 놀라운 순간이었다. 얼마 후 최초의 스승이었던 다이도 노사가 유타까지 손수 오셔서는 겐포 노사와 함께 전법식을 거행하셨다. 나 역시 이 체험과 그로부터 얻은 마음가짐 및 이해를 나의 학생들에게 전해주고 싶다. 수행공동체 상가는 깨어나서 부처님의 모습을 담아낼 수 있다. 우리가 그럴 수 있도록 허용만 한다면 말이다.

'깨달음' 을 의미하는 한자는 '해' 와 '달' 을 합쳐서 만들어졌다. 깨달음은 이 두 개를 연결하여 묶은 것이다. 이는 진정 깊이 인식하는

마음을 수행하는 것이다. 삶과 죽음을 깨달음으로 인식하는 마음, 이
쪽 언덕을 저쪽 언덕으로 인식하는 마음, 이 육체를 인간의 참 몸으
로 인식하는 마음, 오늘을 좋은 날로 인식하는 마음. 이렇게 깊이 인
식하는 마음을 실현할 수 없는 이유는 우리의 개념과 깨달음 사이에
틈새가 있기 때문이다. 수행은 이 틈새를 메우는 일이다. 이 틈새를
메우기를 바라는 것이 수행심이다. 수행공동체는 우리를 도울 수 있
다. 우리에게 그 틈새를 비추어줄 수 있다. 다른 사람들이 우리를 보
는 눈에 지혜가 담겨 있다. 그 지혜로 우리는 자신의 행동을 좀 더 객
관적으로 보고, 남들에게 좀 더 배려를 할 수 있게 된다. 우리 마음이
충분히 열려 있다면 수행공동체는 우리가 수행을 삶에 드러낼 수 있
도록, 틈새를 메울 수 있도록 도와준다.

　도겐 선사는 우리가 몸으로 수행해야 한다고 말한다. 내일 아침 자
리에서 일어났을 때 평소처럼 두려움과 분노와 짜증이 뒤섞인 생각
을 하는 대신, 몸이 아픈 피터팬에게 팅커벨이 말했듯이 '좋은 생각'
을 해볼 수도 있는 일이다. 좋은 생각을 하는 것은 실로 우리의 습관
적 사고방식을 탈피하는 일이다. 그리되면 정말 갑자기, 좋은 생각을
하기 때문에 오늘이 좋은 날임을 알게 된다. 다른 사람들이 다 나쁜
생각을 하고 있다는 사실도 별로 걱정스럽지 않게 된다. 하지만 '좋

다' '나쁘다'는 오해의 소지가 있는 말이다. '좋다'는 것은 실은 두려움과 분노가 없는 상황, 공감과 친밀감이 있는 상황을 의미한다. 심지어 나쁜 생각에 대해서도 좋게 생각할 수 있다. 그런 것을 한 마디로 '자비'라고 한다. 자비는 몸으로도 말로도 행동할 수가 있지만 정말 필요한 자비는 우리의 탐욕, 분노, 무지를—나쁜 생각, 매인 생각, 두려움을—차버리는 수행이다. 오직 영원히 살 사람만이 두려워할 시간이 있다. 우리처럼 잠시 지나가는 나그네라면 두려움에 얽매이는 것은 엄청난 시간 낭비다. 두려움은 자연스러운 것이다. 하지만 두려움에 얽매이는 것은 비생산적이다.

몸이 좋지 않거나 마음이 분노와 짜증으로 가득할 때는 남들에게 자비심을 가지기가 어렵다. 그러므로 수행은 당연히 몸에서 시작해야 한다. 우리가 인체에서 할 수 있는 일은 수행에 진지하고 진실한 것이다. 우리의 현재 상태를 잘 알아차리고 몸과 마음의 상태가 남들에게 어떤 영향을 미치는지 보라. 우리가 더는 배울 것이 없는 그런 지점에 도달하는 날은 아마 없을 것이다. 다시 말해서 수행은 계속되어야 한다. 수행을 통해 배움도 늘어나고 마음도 더 열리며 더 겸허해질 것이다.

수피의 옛 이야기에 나오는 물라 나스레딘은 문화권마다 좀 다른 이름으로 알려져 있다. 아무튼 이 현자 물라가 판관이 된다. 한 여인이 아이를 데리고 와서는 말한다. "제 아이는 늘 설탕을 먹습니다. 저는 아이를 믿을 수가 없어요. 아예 항아리 속으로 들어간답니다. 설탕중독이에요." 그 말을 들은 물라 나스레딘은 말한다. "폐정합니다. 2주 후에 오세요." 그리하여 2주 후 개정한 법정에서 물라는 평결을 내린다. "아이는 하루 두 숟가락씩만 설탕을 먹도록 하라." 어머니는 왜 이 사건이 2주 동안 연기되었는지 물어본다. 그러자 물라는 말한다. "평결을 내리기 전에 먼저 저부터 하루 두 숟가락으로 설탕을 줄여야만 했기 때문이지요."

해치 포인트에서 보는 사막의 밤하늘은 별빛이 찬란하다. 별들은 지평선에서부터 시작하여 하늘 한가운데까지 온통 다 뒤덮여 있다. 이전에 안거에 왔던 한 여성은 밤하늘을 볼 때마다 어렸을 때 보던 하늘과 똑같은 하늘이어서 참 안심이 된다고 말했다. 은하수와 모든 별자리가 모두 여전히 거기 있으니까 말이다.

그것은 사실이다. 동시에 밤하늘에는 이곳 지상에서는 보이지 않는 많은 일이 일어나는 것도 사실이다. 우리는 마음이 무엇인지 이 몸이 무엇인지에 대해, 그리고 우리가 도달할 수 있는 곳, 우리 힘이 미칠 수 있는 것이 무엇인지에 대해 나름대로 개념을 발전시켰다. 그래서 우리를 둘러싼 이 세상에 대해 안다고 생각한다. 하지만 실은 우리가 모르는 것이 아주 많다.

"죄송하지만 '저'를 잘 설명할 수가 없네요." 앨리스가
말했다. "왜냐하면 아시다시피 제가 지금 제가 아니거
든요."
"모르겠는데." 애벌레가 말했다.
"죄송하지만 더 명확하게는 말씀드릴 수 없어요." 앨리
스가 예의 바르게 말했다. "왜냐하면 실은 저도 잘 이해
가 안 되기 때문이에요."

마에즈미 노사는 우리 시대에는 부처, 법, 상가의 삼보 중에서도
수행공동체인 상가가 가장 중요하다고 말씀했다. 여기서 부처는 깨
달으신 분이고 법은 가르침이며 상가는 수행공동체이다. 상가와의
끈은 수행이 어려울 때 우리를 지켜준다.
동화 《황제의 새 옷》에 보면 황제가 걸어 다니며 "내 새 옷이 어떠
한가?"라고 묻고, 모든 사람이 "훌륭합니다"라고 대답한다. 그런데
한 소년이 묻는다. "엄마, 임금님은 왜 벌거벗었어요?" 우리가 입지
도 않은 새 옷을 찬탄하며 돌아다니지 않도록 지켜주는 것이 바로 상
가이다.

수년 동안 수행을 한 사람이 화를 내고 남을 배려하지 않고 잘난척할 때 새로 온 수행자들은 궁금해할 것이다. "그렇게 오랜 세월을 수행하고도 결과가 이런 거라면 도대체 이 수행을 왜 해야만 하는 걸까?" 우리를 비추어주는 상가가 없다면 점점 깨달은 사람이 되어간다고 생각하며 오랫동안 수행을 했는데도 남들에게는 화 잘내고 무례한 사람으로 여겨지는 그런 우를 범하기 쉬울 것이다.

때로는 수년 동안이나 수행을 한 후에도 여전히 무언가에 매일 수 있다. 참으로 집을 떠나는 대신 집의 벽만 장식했던 것이다. 하지만 수행공동체 상가는 우리가 바른 눈을 되찾을 수 있도록 도와줄 수 있다. 상가와 함께한 경험, 주변 사람들과 함께한 경험은 우리의 말과 행동이 나오는 원인과 그 결과를 보도록 도와준다. 심지어 언뜻 보면 마음가짐으로 느껴지는 생각까지도 그 인과를 볼 수 있게 된다. 우리가 무의식중에 한 행동이 얼마나 빨리 우리에게 되돌아오는지를 보게 되면 실로 충격적이다.

"아니, 아니다!" 여왕이 말했다. "선고가 먼저, 평결은
나중에 한다."

선산사에 있을 때 나는 맹렬하게 선방을 감독했다. 사람들에게 소

리를 질러 얻는 것도 별로 없었고 또 고맙게 생각하는 사람도 없었지만 그래도 그들은 견디는 법을 배웠다. 이제는 당신에게 수행에 맹렬해지라고 부탁하고 싶다. 성공하고 싶다면 견뎌야만 할 것이다. 그저 말만 할 게 아니라 실천하고 수행해야 할 것이다. 그리하려면 자동적으로 나오는 기계적 행동을 하지 않아야 한다. 우리의 발전에 책임을 지고 현재 상태에 대해 남 탓을 하지 않아야 한다. 그것이 바로 앨리스에게 일어난 일이다. 우리에게 아무리 재주가 많다 해도 이것은 시간이 걸리는 일이다. 하지만 우린 서로 도울 수 있다.

　단지 기계적인 연주만 하지 않으면 된다.

일곱. 세상에서 가장 큰 만화경

앨리스는 웃었다. "그래 봤자 소용없어요. 불가능한 일을 믿어선 안 돼요."

"내 장담하건대 너는 별로 연습을 안 했구나." 여왕이 말했다. "내가 네 나이 때는 하루 삼십 분씩 항상 연습을 했지. 때로는 아침 먹기 전에도 불가능한 일을 여섯 가지나 믿었지."

아홉 살 무렵 어머니와 함께 우체국에 우표를 사러 갔었다. 우체국에는 FBI 수배자 명단과 얼굴을 담은 포스터가 걸려 있었는데 줄을 서서 기다리는 동안 나는 그들의 인상착의를 읽었다. 그들은 모두 무서운 얼굴을 하고 있었고 저지른 짓도 무서웠다. 그날 밤 침대에 누웠을 때 그들이 내 방 창밖에 있는 화재대비 비상대피구를 통해 내 방으로 몰래 들어올 수도 있다는 생각이 들었다. 너무나 무서웠다. 그런데 그렇게 두려움에 떠는 중에도 이런 생각이 들었다. 나는 왜 나일까? 나는 어떻게 해서 우주의 중심이 되었을까? 나는 이 지구에 있는 수많은 사람 중 하나일 뿐인데, 그런데 나는 내가 되어 나의 역할을 하게 되었고, 그 역할이 내게는 우주의 중심이었다.

《맛지마니까야》에 보면 부처님께서 결정적 순간을 이렇게 말씀하신다.

> 젊은 시절 나는 자연을 보고 만물이 다 쇠약해지고 죽어야 하는, 그래서 슬픔이 불가피함을 알게 되었다. 나 역시 그런 자연이라는 생각이 들었다. 나는 모든 피조물과 같은 운명이었다. 나 역시 질병 노쇠 죽음 슬픔을 겪어야 했다. 만약 내가 모든 생성의 기조에 놓여 있는 것을 찾는다면 어떨까? 즉 열반이라는 수승하고 온전한 안전을, 무위법이라는 완전한 자유를 찾는다면? 그래서 나는 독립을 향한 최초의 날갯짓에서 아버지의 바람과 반대의 길을 택했다.

내게 돌연히 다가온 이 진실을 나는 누구에게도 설명할 수 없었다.

어쨌든 그것은 하나의 사건이었다. 일면 그것은 잠시 동안의 감동적인 깨달음이었다. 생애 최초로 나는 내가 누구인지 보았고 거기에 의문을 던지고 있었다. 저마다 자기가 우주의 중심이라 여기고 있다는 이 첫 번째 통찰은 정확했다. 우주를 품는 것 외에도 우리는 각자 그 우주의 중심이었다.

왜 그러한가? 왜 저마다 우주의 중심이라고 느끼도록 세상은 그렇게 배열되어 있는가? 왜 다른 사람들은 누구도 우리가 우주의 중심이라고 인정해주지 않는 것인가? 왜 사람들은 다 자기가 우주의 중심이라고 생각하는가? 무슨 일이 일어나고 있는 것인가? 깨달아야 할 것은 무엇인가?

우리는 역사상의 부처님이 싯닷타라고 생각한다. 아마도 그런 이국적인 이름이 싯닷타를 저 멀리 있는 존재로 여기게 할 수도 있다. 하지만 우리에겐 거리감이 아니라 친밀감이 필요하다. 우리가 있는 지금 여기에 법이 필요하다. 그러니 부처님을 '싯닷타'라는 이국적인 이름 대신 평범한 서양인의 이름 '시드'라고 부르자. 시드는 보통 사람이었지만 동시에 반항아였다. 그는 반문화운동가였으니 아마도 다른 시대에 태어났더라면 잭 케루악 같은 비트 문인이 될 수도 있었고, 또 게리 스나이더, 앨런 긴즈버그 같은 작가나, 앤 월드맨, 마이클 매클루어 같은 시인이 될 수도 있었으리라.

부처님의 아버지는 지역 왕국의 왕이었고 당시 인도 사회는 매우 엄격했다. 오늘날에도 인도인의 생활은 비교적 엄격하다. 심지어 미국에서 두 세대 정도를 산 인도인조차 이제야 최초로 중매를 통하지 않은 결혼을 하는 사람이 있을 정도다. 시드는 집을 떠날 때 부모의 반대를 무릅써야 했다. 세상 밖으로 나왔을 때 그는 병들고 죽어가는 사람들을 보았고 그래서 생각했다. "내겐 이런 일이 일어나지 않았으면 해." 그런 생각을 한 그를 나는 뭐라 하지 않는다. 나 역시 그런 일이 일어나지 않길 바란다.

그는 사람들이 거리에서 살며 명상을 하거나 요가를 하는 것을 보았다. 그것이 당시의 반문화였다. 시드 역시 그들과 합류하여 사슴 동산인 녹야원으로 가서 살았다. 그 젊은이들은 우리를 고통스럽게 하는 일상생활의 요소들을 초월할 방법이 있다고 생각하는 사람들과 함께 반문화적 삶을 살고 있었다.

부처님 시드 역시 능력과 노력을 겸비한 성취형 인간이었고 불가능한 것에 도전하는 사람이었다. 그는 세상에서 가장 큰 문제, 즉 생사의 문제를 해결하겠다고 결정했다. 부처님은 실로 놀라운 일을 했으니 자신의 마음을 덮고 있던 베일을 벗겨버린 것이었다. 그리고 그것은 우리의 유산이 되었다. 이것은 누구라도 훈련을 통해 가질 수 있는 자각이다. 필요한 것은 오직 마음과 습관 또는 고통을 극복하려는 욕구이다.

부처님은 자신이 부처라거나 불자라고 생각하지 않았다. 당시는 아직 불교가 없었다. 또한 자신을 '불사의 존재'라고 생각지도 않았다. 이는 《돈 후앙의 가르침》에서 칼로스 카스타네다를 정신적 여행으로 이끌어가는 야키족 인디언 스승 돈 후앙이 사용한 말이다. 그는 제자 칼로스에게 불사의 존재란 자신이 마치 죽지 않을 것처럼 삶을 살아가는 사람들이라고 말한다. 이 말의 의미는 우리가 남들이 시키는 대로 하면 좋은 결과가 올 것처럼 삶을 살아간다는 것이다. 우리가 이룬 업적은 훌륭하고 만족스럽기도 하지만 단지 부분적 만족일 뿐이다. 언젠가는 너무나 만족스러워서 영원히 입에 미소를 달고 살거라는 믿음조차 삶과 양립할 수 없게 된다. 그런 일은 일어나지 않을 것이다. 부처님은 그런 일을 전혀 믿지 않았다. 우리의 참 자성을 깨닫는 일보다 업적을 이루는 게 더 중요하다고 지금도 믿는다면 그 믿음을 잘 살펴보아야 한다. 삶에서 좋은 것들을 나쁜 것들과 다 분리해낼 수 있다고 생각한다면 그 생각 역시 잘 살펴보아야 한다. 시드가 깨달은 것은 하늘과 땅 사이에 자신만이 존재한다는 것이다. 오직 그 자신뿐이었다 – 그리고 그는 바로 우리다.

부처님은 《맛지마니까야》에서 말씀하셨다.

마침내 나는 맑은 물이 흐르는 강가의 쾌적한 숲 속에 도착하여 커다란 나무 아래 앉았다. 이곳이 깨달음을 이루기에 알맞은 장소라는 확신이 들었다.

그렇다 해서 당신도 깨닫기 위해 숲과 큰 나무가 필요한 것은 아니다. 부처님에겐 그리되었다는 말이다.

세상의 모든 인연이 다 내 마음속에 하나하나씩 들어오면서, 나는 그것들을 꿰뚫어보았고 그리고 내려놓았다. 이렇게 해서 마침내 하나의 앎과 지혜가 일어났고 나는 이것이 변함없고 인연에 좌우되지 않는 무위법임을 알았다. 이것이 자유였다.

다시 말해서 세상에 대한 이론적 허구가 그의 머릿속에 들어올 때마다 그는 그것에 대해 어떠한 이론적, 지적 이해도 거부했다는 것이다. 동시에 그는 어떠한 해답도 설명도 지식도 지혜도 거부했다. 《반야심경》에 이런 말이 있다. "눈도 귀도 코도 혀도 몸도 마음도 없고, 형상도 소리도 냄새도 맛도 촉감도 현상도 없느니라." 그는 세상에 있을 수 있는 모든 개념적 허구를 다 지나서 만물의 공한 본성을 보았다.

그렇게 말하니까 매우 엄청나 보인다. 하지만 달리 말하면 그는 그 순간 자신을 삶에서 분리하지 않은 채 삶을 있는 그대로 받아들였다는 말이다. 그는 삶과 하나가 되었다. 그는 불자도 힌두교도도 아니었고, 종교인도 비종교인도 아니었다. 거기엔 철학도 개념도 없었다. 그런 것들을 다 떼어내고서 그는 바로 거기에 깨어난 존재로 있다.

모든 것을 부정함으로써 부처님은 말이나 개념으로는 접근할 수 없는 현실을 깊이 긍정한 것이다. 그는 '죽음'이 무언가를 나타내는 말임을 보았지만 그것이 무엇인지는 몰랐다. 그는 '삶'이 무언가를 나타내는 말임을 보았지만 그것이 무엇인지는 몰랐다. 그는 '몸'과 '마음'이 무언가를 표현하는 말을 보았지만 그것들이 무엇인지는 몰랐다. 그는 마음이 지어낸 모든 가능한 허구와 개념을 다 보았다. 이 수행은 개념이 멈추는 곳에서 시작된다. 부처님은 말씀했다. "내게 다가온 현실은 심오했지만 그것이 사고의 영역을 초월한 것이라서 보기도 이해하기도 어렵다."

오직 하나의 참사람이 있다, 부처인 것이다. 그것이 바로 진정한 당신의 모습이다. 충분히 깊이 들어간다면 그곳이 바로 우리가 도착할 목적지다. 그곳이 바로 당신 마음의 근본자리다. 우리가 생각하고 또 생각을 거듭한다면, 우리는 결국 이런 질문을 하는 자리에 도달한다. "좋아, 개념을 초월한다는 것은 무엇인가? 사고를 넘어선다는 것은 무엇인가?" 부처님은 당신이 발견하신 것이 매우 수승하고 섬세한 것이었다고 했다. 정의할 수 없고 파악할 수 없는 그것은 오직 헌신을 통해서만 얻을 수 있다.

내가 이 진리를, 이 현실을 가르치려 한다면 아무도 내 말을 이해하지 못할 것이라고 나는 생각했다. 그리되면 내가 들인 수고와 노력은 모두 허사가 될 것이다. 하지만 그때 이 진리를 내가 가르쳐야 한다는 통찰이 다가왔으니 그것이 또한 행복이기 때문이다. 세상엔 눈이 조금만 흐린 사람들이 있고 이들은 현실의 상태를 듣지 못해 고통받고 있다. 그들이 진리를 아는 자가 될 것이다. 그렇게 나는 가르침을 펴려고 나섰다.

부처님의 문제 해결 방식은 모든 것을 받아들이는 것이었다. 그는 삶이 문제나 질문이 아니라고 결론지었다. 삶은 답이었다. 죽음은 문제가 아니라 답이었다. 무상은 문제가 아니라 답이었다. 무상과 태어남, 죽음을 숙고하는 것은 일생에 걸쳐 하는 수행이다. 우리는 무상이 현실의 중요한 일면임을 알지 모르지만 무상에 따라 삶을 산다는 것은 우리 자신에게 그침 없이 그 사실을 상기하는 것이다. 그리고 당연히 그 답은, 늘 그러하듯, 바로 우리 코앞에 있다.

　뉴욕주에 살 때 한 천재가 "세상 최대의 만화경"이라는 업소를 개장했다. 동네 사람들이 모두 분개했고 특히 절 근처에 사는 사람들이 그랬으니 그 업소가 바로 그들의 집 뒤에 있었기 때문이다. 그곳은 그리 정신적인 장소라 할 순 없었지만 싸구려 냄새가 나는 물건들이 창의적으로 잘 조합된 곳이었다. 우선 소방차를 개조해서 만든 카페가 있고, 뉴욕주 북부의 펑키한 소품들, 농기구들, 작은 마구간들, 야외 가구들이 전시되어 있었다. 무엇보다도 낡은 소방차들을 무질서하게 잘 배열해서 식당으로 가는 길 안내 표지로 삼은 점이 훌륭했다. 그 식당에선 뉴욕 북부지방의 대표 요리인 햄버거를 팔았다.

　나는 캐린, 알렉스와 함께 그 식당을 한번 가보기로 했다. 어두운 실내로 들어가 자리에 앉은 우리는 천문관에서 그러하듯 고개를 의자에 기대어 뒤로 젖히고는 돔형의 둥근 천정을 바라보며 쇼가 시작하길 기다렸다. 꼬마 하나가 소리를 질렀다. "언제 시작해요? 언제요?" 그러자 곧 프로그램이 시작되었다. '세상 최대의 만화경'이 천정에서 어지러운 원을 그리며 돌자 원색의 빛이 끝없이 바뀌고 포개지고 녹아들고 있었다. 갑자기 아까 그 꼬마의 고함소리가 다시 들렸다. "언제 멈춰요? 언제요?"

　우리에게 삶은 대부분 이와 같다. 우리는 삶의 많은 시간을 "언제 시작해요?" 하며 보낸다. 그리고 늙어 병들고 죽어가며 우린 말한다.

"언제 멈춰요?" 그동안 우린 고통을 받는다. 우리는 업과 인과를 만들고 다시 그 영향을 받는다. 업의 엄연한 현실은 "깨어난 사람"에게도 여전히 존재한다. 업은 비정한 법이다. 업은 그저 업이다. 업은 그 무엇도 상관하지 않는다.

어떤 차원에선 업이 없다고도 말할 수 있다. 아무것도 일어나지 않는다. 내면의 깨어난 성품과 접해 있을 때 거기에 더 이상 인과는 없다. '깨어난 사람'이 자신이 누구인지 기억할 때 그는 자신이 늘 그래 왔던 그 사람으로 되돌아간다. '깨어난 사람'이 되는 것이다. 아무것도 일어난 적이 없다. 문제가 있었던 적도 없다. '깨어난 사람'은 자신이 깨어난 사람임을 점점 더 깊이 깨달아가며 자유로이 비상한다. 세상은 마법의 장소로 되돌아간다. 그는 더는 세상에 종말이 오리라는 생각에 괴로워하지 않는다. 세상은 시작한 적이 없기 때문이다. 존재하는 것은 오직 '깨어난 마음' 뿐이기 때문에 우리는 친절하고 다정할 수 있다. 남들과 잘 일하고 잘 놀 수 있다. 무엇 때문에 사람들을 불쾌하게 만들 일을 하는가? 그들도 나에게 불쾌한 일을 할 수 있는 것이다.

《맛지마니까야》에 이런 말이 있다.

준비된 사람들에게

무사無死의 문이 열려 있다.

귀를 가진 사람은

자신을 묶는 인연들을 다 버리고 안으로 들어오라.

　무사의 경지로 들어가는 것은 대단히 어려운 일이다. 부처님 말씀
은 깨어나려면 죽음에 관한 믿음을 다 버리라는 것이다. 그것이 무사
의 경지다. 즉 몸이 무엇인지 마음이 무엇인지 안다는 믿음을 버리는
것이다.

　이 수행은 간단하면서도 깊다. 지루하고 반복적인 듯 보이지만 수
행 자체는 지루하지 않다. 우리가 '삶'이니 '죽음'이니 하는 생각에
서 벗어나면 지루하지 않다. 우리의 습관은 뿌리 깊다. 반복되는 생
각과 느낌들은 깊이 박혀 있다. 심지어 습관을 꿰뚫어 보았을 때에도
이 체험을 새로운 개념으로 간주하려는 경향이 있다. 이렇게 계속 새
로운 개념적 허구를 만들어내기 때문에 수행은 계속되어야 하고 끝
나지 않는다. 이는 그 어떤 훈련과 연수에서도 드물지 않은 일이다.
피아니스트 아르투르 루빈스타인은 하루만 연습을 안 해도 연주에
차이를 느낀다고 했다. 이틀 연습을 안 하면 음악 비평가들이 알게
되고 사흘 연습하지 않으면 청중이 알게 된다고 했다.

　나는 수행이 지루하다는 나만의 믿음에 정말 매여 있었다. 한동안

선수행 특히 참선은 지독한 고문이었다. 나는 자리에 앉아서는 그저 주어진 시간을 보내기 위해 내가 갔던 모든 중국 식당을 생각했다. 그러던 어느 날 문득 이런 생각이 들었다. "나는 지루하다" 또는 "이 참선 시간은 언제 끝날 것인가?" 등이 그저 생각에 불과한 것 아닌가. 나는 굴속에 빠져 있었던 것이다.

> "애야, 너는 무언가를 생각하느라고 말하는 것을 잊어
> 버렸구나. 그것이 주는 교훈을 지금 말해줄 순 없지만
> 조금 있으면 생각날 거야."
> "교훈이 없을 수도 있죠." 앨리스가 용감하게 말했다.
> "쯧쯧, 애야! 모든 것엔 다 교훈이 있단다. 네가 찾을 수
> 만 있다면 말이다." 공작부인이 말했다.

부처님은 가르침이 무언가를 배우고 숙고하는 것을 포함하는 것이기에 어렵다고 말했다. 하지만 깨어남은 무언가를 배우는 것도 무언가를 생각하는 것도 아니다. 그것은 깨어나서 이 거대한 작업, 거대한 게임을 보는 것이다. 실은 당신은 이미 그 안에 있다. 당신은 그것을 보며 그 안에 있다. 그것은 당신의 인생이라 불린다. 그것은 세상에서 가장 큰 만화경이다.

그렇다면 '깨어난 사람' 은 누구이고 무엇인가? 우리는 이 의문을 푸는 데 대한 걱정을 그만두어야 한다. 매 순간 일어나는 일을 다 온전히 받아들이고 그것에서 분리되지 않는 것, 그것이 바로 깨달음이다. 그것은 정의될 수 없다. 어떤 범주에 맞아떨어지지도 않는다. 그것은 온정신도 미친 것도 아니다. 그것은 그저 현실이다.

'깨어난 사람' 은 특성을 묘사할 수 없다. '이것이다' '저것이다' 라고 우리가 말하는 순간 그것은 그만의 열려 있고 광대하고 알 수 없는 성품을 잃어버린다. '깨어난 사람' 은 마치 오리가 물을 향해 가듯 그런 성품으로 간다. '깨어난 사람' 으로서 우리를 되찾고 우리로 존재하고 우리를 깊게 하는 것이 우리가 할 수행이다. 결국 우리는 이 열려 있고 광대하고 알 수 없는 삶과 죽음과 하나가 된다. 그것을 일러 깨어남, 자유라 부른다. 《맛지마니까야》에 이런 말이 있다.

거대한 바다는 오직 한 맛이니 바로 소금 맛이다. 이와 같이 참다운 도는 오직 한 맛이니 바로 자유의 맛이다.

초기불교 경전인 《숫타니파타》에 이런 말이 있다.

불확실한 마음을 극복하고 슬픔에서 자신을 해방해라. 존재 자체에 기뻐한다면 그대는 그대를 필요로 하는 사람들에게 길잡이가 되어 많은 이들에게 길 안내를 해줄 것이다.

부처님은 아마도 처음에는 문제를 없애버리겠다는 생각을 했을 것이다. 하지만 열반에 이르러 그것과 하나가 되었을 때 부처님은 쉬었다. 이제 그의 목적, 생각, 관념들이 다 사라졌다. 그는 이쪽 언덕이 저쪽 언덕이며 고생의 끝이라고 보았다. 이것은 복잡하지 않다. 그저 자신이 문제를 해결할 것이라는 믿음을 그치면 된다. 그래서 수행이 필요한 것이다. 그것이 공안 공부다. 역사적 부처님 석가모니불이 찾아다닌 궁극적 진리는 지금도 매 순간 설해지고 있다. 그것은 지적으로 이해할 수 없다. '물건'이 아니기 때문이다. 그러므로 우리는 느긋하게 쉬며 고요해질 수 있다. 삶과 죽음을 해결하려고도 이해하려고도 하지 않고 단지 그 안에서 기뻐할 수 있다. 그것이 바로 진리의 소리다. 나머지는 그저 어림짐작일 뿐이다.

여덟. 감자 프라이 두 개가 부족한 해피밀

> "규칙은 말이야, 내일도 잼, 어제도 잼이지만, 절대 오
> 늘은 잼이 아니야."
>
> "때로는 '오늘은 잼'이 될 수도 있겠죠." 앨리스가 반박
> 했다.
>
> "아니 그럴 순 없어." 여왕이 말했다. "하루 걸러 다음
> 날이 잼이거든. 오늘은 다음 날이 아니야, 알겠어?"
>
> — 루이스 캐럴 작, 《거울 나라의 앨리스》

  어느 날 나는 앞차의 범퍼 스티커에서 이런 글귀를 보았다. "당신
의 해피밀에 감자 프라이 두 개가 부족한가요?" 그것을 보자 '미국의
초대형화'가 생각났다. 몇 센트만 더 내면 소비자들은 더 많은 양의
식사로 업그레이드할 수 있는 것이다. 우리는 무언가를 더 많이 얻으
면 행복해진다고 믿는 것 같다. 내 생각엔 우리가 무엇을 원하는지,
지금 무엇을 가졌는지, 또한 이런 초대형화가 타당한 일인지에 대해

서는 별생각 없이 사는 것 같다. 앨리스가 굴속으로 떨어지기 전에 그랬던 것처럼 우리는 그동안 답습한 인습적 '지혜'를 따라가고 있다. 우리는 별도로 얹어주는 감자 프라이를 얻으려 기를 쓰고 그래서 우리 삶을 초대형화하려 한다. 그래야 행복한 식사를 할 수 있으니까 말이다.

하지만 실제로는 그리 행복한 식사가 아니다. 엊그제 나는 아내와 함께 우리의 미래를 이야기하고 있었다. "15년 후면 우리는 일흔 살이 돼." 내가 말했다. 그 순간 내 안에서 어떤 소리가 들렸다. "15년 후면 내가 일흔 살이라고? 맙소사! 별로 좋게 들리진 않네. 삶은 내리막길처럼 보일 수도 있구나."

그동안 우린 삶을 살아가고 사태는 계속 악화되기만 한다. 그래서 우린 다시 한 번 청춘으로 돌아가고 싶어한다. 젊을 때도 사태가 끔찍하다고 생각한 사실을 잊어버리고 말이다. 현기증 나는 일이다. 자신이 진정 무엇을 원하는지 생각할 시간도 없다. 이것은 이중의 미혹이다. 우리는 사태가 점점 악화된다고 생각하고 또 어떤 시점에선 사태가 점점 좋아진다고 생각한다. 결국 행복한 식사는 그리 많지 않아 보인다.

부처님은 삶이 고통이라고 말했다. 그 말은 단지 우리가 실제 삶이 아닌 다른 것을 원하고 있음을 상기해주는 말이다. 우리는 늘 무언가를 원한다. 더 좋은 차나 더 큰 TV를 원한다. 그 차나 TV를 가지게 되면 한동안은 기분이 좋다. 하지만 머잖아 우리는 또 다른 것을 원한다. 무엇이든 다른 것. 다시 말해서 우린 절대 '이것'을 원하지 않고 언제나 '저것'을 원한다. 더 행복한 식사를 위해 더 많은 프라이를 원한다. 삶을 살아가며 우리의 '저것'에 대한 정의는 계속 달라진다. 아마도 '저것'은 돈·섹스·사랑·집·휴가 또는 더 많은 팝콘이 될 수도 있다. 우리가 '저것'을 더 많이 가지면 '이것'은 괜찮아질 것이다. 하지만 그런 일이 실현된 적이 있는가? 우리는 충분히 가진 적이 있는가? 애초부터 그런 것이 필요한 것인가? 그렇다면 그런 어리석은 것을 왜 믿는가? 이런 질문을 하는 대신 우리는 계속하여 동일한 해피밀을 소비하고 또 소비한다. 바로 이런 마음을 패스트푸드 식당에선 믿고 이용한다. 사태를 다른 각도로 보려는 도약은 매우 겁이 날 수 있다. 앨리스처럼 우리도 어릴 적부터 조심하는 법을 배웠다.

"나를 마셔요"라고 말하는 것은 좋지만 어린 앨리스는 서둘러 마시진 않을 것이었다. "아니야, 먼저 살펴봐야 해! 그리고 '독약'이라 써 있는지 아닌지도 알아야 해." 앨리스가 말했다. 앨리스가 읽은 이야기책 속에는 친구들이 가르쳐준 간단한 규칙을 잊어버리고 지키지 않아

뜨거운 데 데이거나, 짐승에게 잡아먹히거나, 기타 불
쾌한 일들을 겪은 이야기가 있었기 때문이다.

때로 우린 의식도 하지 못한 채 행복에 관한 관념 ─ 프라이를 더 얻
는 것 ─ 을 가지고 있다. 서른 살 무렵 음악가로 일할 때 우리의 목표
는 모두 음악계에서 크게 성공하는 것이었다. 그것이 우리에겐 궁극
의 행복한 식사였다. 당시 내 여자친구의 친구가 핑크 플로이드 밴드
멤버의 아내였다. 당시 핑크 플로이드는 〈벽〉이라는 인기 앨범을 발
매한 직후였다. 나와 여자친구는 뉴욕에 묵고 있는 밴드를 만나서 그
들의 연주회에 동행할 수 있는 특권을 얻었다. 우리는 밴드의 리무진
을 타고 연주회장에 도착했고 무대 뒤에서 다수의 유명음악가, 미술
가, 모델들과 어울렸다. 앤디 워홀과 그 친구들도 거기 있었다.

처음 도착했을 때 나는 매우 흥분했다. 그런데 시간이 지나고 밤이
깊어질수록 나는 점점 더 우울해졌다. 이전에 나는 만약 행복이 있다
면 바로 여기 이렇게 성공한 예술인들과 함께 있는 것이라고 확신했
었다. 그런데 그게 아니었다. 비록 인기가 있긴 했지만 이들의 성공은
엄청난 마음의 짐을 동반했다. 그것은 내게 엄청난 충격이었다. 나는
이를 곰곰이 생각하며 밤을 새웠다. 그리고 마침내 나는 자유로워졌
다. 내게 있는지도 몰랐던 어떤 족쇄에서 해방된 것이다.

음악가로서 겪은 또 다른 체험 역시 하나의 문을 닫고 나에게 자유를 주었다. 나는 맨해튼 외곽의 한 클럽에서 연주를 하고 있었다. 우리는 이미 앙코르 세 곡을 연주했고 청중은 더 연주해달라고 고함치고 있었다. 그러자 한때 내가 바람직하다고 생각했던 이 에너지, 이 괴상한 강렬함이 더 이상 내가 원하는 삶의 방식이 아니라는 생각이 들었다. 이 모든 체험이 나만의 환상을 제대로 보게 해주었다. 나를 즐겁게 해주리라 가정했던 일들이 실은 그렇지 않다는 것을 보게 해주었고, 그동안 수많은 미혹 속에서 살아왔음을 알게 해주었다. 원하는 것을 얻으려 안달하는 동안 나는 실은 그것이 무엇인지 심지어 내가 누구인지도 모르고 있었던 것이다.

"그렇다면, 너는 무엇이냐?" 비둘기가 말했다. "네가 무언가를 발명하려고 애쓰고 있다는 것을 알겠다."

사람들이 흔히 선수행에 이끌리는 이유는 선수행을 깨달음을 찾으려는 수단으로, 자신의 참 자성을 볼 수 있는 창으로 여겨서다. 내가 바다의 파도라고 상상해보자. 나는 밀려가면서 생각한다. "나는 다니엘이라 불리는 파도다." 하지만 나는 내 모양이 마음에 안 들 수 있다. 좀 더 컸으면, 좀 더 날씬했으면 하고 바랄 수 있다. 다른 파도들이 너무 가까이 다가온다. 나는 바다에서 현재 내가 놓인 자리가 싫다. 실은 이 모든 것들이 내 잘못이 아니다. 다만 업으로 인해 그리된 것이다. 달은 인력으로 바닷물을 잡아당기고 바람이 불어오고 또 다른 파도들은 나에게 부딪치고, 그런 것들이 내 마음에 들지 않는 나의 현재 모습을 만들었을 뿐이다. 그를 일러 우리는 고통이라 부른다. 더욱이 내 눈에는 모든 파도가 부서지고 종말을 맞이하는 해변이 보이고 그래서 더욱 두렵다. 해변에 가까이 갈수록 나는 꼭 쥐었던 손을 놓고 조용해진다. 이제 모두 다 바다다. 파도는 없다.

수행을 통해 단순하지만 심오한 일이 일어난다. 우리는 자신이 파도에 불과한 것이 아니라 바다임을 깨닫는다. 파도는 항상 바다인 것이다. 바다가 아닌 파도는 하나도 없다. 우리가 파도라면 우리는 또한 바다다. 이를 일러 견성見性이라 한다. 깨달음은 바로 이 단순한 진리를 보는 것, 그를 깊이 보는 것이다. 그때 그것은 늘 우리와 함께하여 우리가 돌아다닐 때도 자신이 파도인 동시에 바다임을 잊을 수 없다. 깨달음은 점점 더 명료해진다. 절대 끝나는 법이 없다. 끝나는 것이 있다면 무언가를 잃어버렸다는 느낌이다. 그 해피밀의 프라이처럼 말이다.

그다음엔 수행의 제2단계인 생활 속의 실천이 온다. 자신이 바다임을 깨달은 사람은 바다처럼 행동하기 시작한다. 바다는 어떻게 파도와 다른 행동을 하는가? 자신이 바다임을 모르는 파도일 때 다른 파도가 성가시게 굴면 우리는 그를 밀어버린다. 하지만 우리가 바다일 때 우리는 모든 파도가 다 우리 자신임을 깨닫는다. 그때 더 많이 가지려는 마음, 우리가 누구인지를 깊이 인식하지 못하는 성품이 강도를 잃기 시작한다. 앨리스처럼 우리도 서서히 때론 서툴게 때론 우아하게 우리가 처한 이 현실을 받아들인다.

깨달음은 강한 업을 멈추어버린다. 깨달음은 내가 누군지를 안다는 미혹을 끝내버린다. 깨달음은 내가 이상한 곳에서 살다가 죽어 먼지가 되는 소외된 존재라는 생각이 야기하는 고통을 끝낸다. 우리는 해방된다. 우리는 자유다.

이 길에 있을 때 깨달음은 점점 더 맑고 깊어지지만 부침은 있을 것이다. 자신의 참 자성을 명료하게 보긴 하되 그것과의 연대감은 느끼지 못할 때도 있다. "나의 참 성품이 보이는데 나는 왜 이런 행동을 하는 거지?" 그런 순간들이 많이 올 것이다. 하지만 해방은 자유로운 것이다. 최초의 공안을 통해 그런 열린 느낌을 처음 체험하는 사람들은 흔히 울음을 터트린다. 참 성품을 보는 일은 깊은 즐거움을 동반한다.

선맥에서 우리 조상들은 심오한 생각을 해냈다. '저것'이 '이것'을 절대 좋아지게 할 수 없다면 '이것'은 어떠한가? '이것'과 함께하는 것이 '이것'을 더 좋게 할 수도 있나? 그 답은 '그렇다!'이다. 부처님이 깨달음이라 부르는 체험은 그저 '이것'이 되는 것이다. 그것을 성숙이라 생각할 수도 있다. 아마도 우리는 나이를 먹고 그래서 보톡스 주사를 맞거나 지방 흡입을 해야겠다고 생각할지도 모른다. 하지만 나이 먹는 것에 악담을 퍼붓고 그런 사실에 툴툴대며 원망하는 것은 두 살배기가 떼를 쓰는 것과 다름없다. 이 수행의 비결은 현 상태와 함께할 때 우리에게 변화가 온다는 것이다.

공안은 질문 또는 만남과 같다. 우리는 그를 이해해야 하고 그 이해 정도를 스승과 일대일로 만나 내놓아 보여야만 한다. 그것은 말로는 설명할 수 없는 직관적 이해다. 그것은 깨달음을 확장시키고 지속시키는 하나의 방법이다.

참선에서 매우 중요한 2대 공안집 중 하나인 《무문관》에 보면 덕산 스님의 유명한 제자들인 암두와 설봉 스님 이야기가 나온다. 이 이야기는 두 사람이 다 저명한 스승이 된 후에 일어난 일이다.

설봉이 암자에 살고 있을 때 스님 둘이 인사를 하러 왔다. 이들이 다가오던 것을 본 설봉은 대문을 열고 나와서 자신을 내보이며 말했다. "이것이 무엇인가?" 스님들 역시 말했다. "이것이 무엇인가?" 설봉은 고개를 숙이고 방으로 돌아갔다. 후에 그 스님들이 암두에게 왔다. 암두는 물었다. "어디서 오는가?" 스님들은 대답했다. "영남에서 옵니다." 암두가 말했다. "설봉은 만났는가?" 스님들은 그렇다고 하며 자초지종을 말했다. 암두가 말했다. "아차, 내가 그에게 선의 마지막 한 구절을 말해주지 않은 게 후회가 된다. 그랬더라면 세상 누구도 설봉을 능가하지 못했으리라." 여름 안거가 끝나자 그 스님들은 이 이야기를 다시 하며 암두에게 가르침을 청했다. 암두는 말했다. "그때는 왜 묻지 않았는가?" 스님들은 말했다. "그 말씀을 이해하려 애쓰고 있었습니다." 암두가 말했다. "설봉은 나와 한 줄기에서 태어났지만 한 줄기에서 죽진 않을 것이다. 하지만 그대들이 마지막 말을 알고 싶다면 바로 이러하다. 이것이 그것이다. 이것이 그것이다."

오랫동안 수행을 한 두 명의 스님이 설봉에게 가서 깊은 가르침을 청했다. 설봉은 말했다. "이것이 무엇인가?" 그것이 바로 설봉이 그들에게 말해줄 수 있는 가장 깊은 것이다. "이것이 무엇인가?" 주위를 둘러보라. 우리는 지구에 있는가? 그런 것은 단지 말에 불과하다.

우리는 우리의 머릿속에 있는가? 우리는 머리 밖에 있는가? 우리는 꿈을 꾸고 있는가? 우리는 살았는가? 죽었는가? 우리는 어디에 있는가? 이것이 무엇인가? 가장 깊은 질문. 그리고 스님들은 대답한다. "이것이 무엇인가?" 그들이 이해했기에.

그리고 나서 그들은 설봉의 사형인 암두에게 가서 있었던 일을 이야기한다. 암두는 말한다. "좋아, 좋아. 그것 좋다." 그들은 주변에 머물며 더는 묻지 않는다. 하지만 종국에는 가장 깊은 가르침이 무엇인지 묻는다. 그는 "이것이 무엇인가?"라고 묻지 않는다. 대신 "이것이 그것이다"라고 말한다.

그리고 말한다. "비록 설봉과 내가 같은 나무에서 태어났지만 같은 방식으로 죽진 않을 것이다." 같은 나무에서 태어났다는 말은 같은 스승인 덕산스님에게 배웠다는 말이다. 죽는다는 것은 파도로서 죽어 바다로 돌아간다는 말이다. 설봉이 바다로 돌아가는 방식은 "이것이 무엇인가?"이다. 암두가 바다로 돌아가는 방식은 "이것이 그것이다"이다. 이것들은 한 진리의 양면이다. 이들은 둘 다 파도로서 죽지만 두 가지 다른 방식으로 죽는다. 우리가 아는 모든 것, 예를 들어 부처·법·선·이름·성·나이·종교·인종·크기·모양·역사를 다 잊어버린다면 단 한 가지만 남는다. 바로 '이것'이다. 행복한 식사를 하기 위해 프라이를 더 찾지 않는 단계에 이르면 그래서 현 상태와 하나가 되면 그것이 깨달음이다. 그것이 시작이다. 설봉과 암두가 말했듯이 이것이 그것이고, 아무도 이것이 무엇인지를 모른다.

창밖에 새가 지저귀는 소리가 들리는가? 음파가 당신의 귀에 와 닿는가? 그 새소리는 야구공처럼 허공을 통하여 당신의 귀로 직진하는가? 당신은 진정 그 소리를 귀로 듣는가? 나는 그 소리를 어떻게 듣는 것인지 잘 모르겠다.

봄날 차가운 물속으로 다이빙할 때 당신은 '차가운 물'을 경험하는가? 차가운 물에 뛰어든 적이 없는 사람에게 차가운 물을 묘사해보라. 되지 않을 것이다. 구속 없는 어떤 체험이 다 그렇듯이 차가운 물은 묘사하기 어렵다. 우리는 정신없는 굴속으로 떨어져 눈에 보이는 모든 것을 이해하려고 애를 쓰지만, 우리나 앨리스에게 필요한 것은 그것이 아니다. 우리는 프로그램을 받아들여야 한다. 즉 그저 떨어지고 쓰러지고, 달리는 것이다.

> 그렇다면 사랑스런 달팽이여! 그렇게 겁먹지 말고 이리 와서 춤을 추어요.

우리가 아는 다른 것이 있지만 우리는 그것을 믿지 못한다. 그래서 훌륭한 것을 체험하는 동안에도 무언가 다른 것을 찾고 있다. 나는 내가 이끄는 선 그룹을 '잃어버린 동전(Lost Coin)'이라 부르기로 했다. 이는 그리스도교나 불교의 우화에 공히 나오는 것으로써 주머니에 귀한 동전이 있는데도 그것을 모르고 계속 가난하게 살아간다는 이야기에서 따온 이름이다.

하지만 우린 욕심이나 목적 없이 살아갈 수가 없다. 수행을 하여 깨닫겠다는 욕심도 목적이다. 그러므로 이는 우리 삶의 일부이다. 중요한 것은 사다리를 한 칸씩 타고 올라가 선의 목적지에 도달하는 것이 아니라, 우리 앞에 놓인 모든 단계 또는 계단이 도道라고 여기며 살고 수행하는 것이다.

삶이 우리에게 늘상 보여주는 것들이 사실이 아니라고 믿는 것은 온전치 못하다. 조만간 삶은 우리가 그 믿음을 떨어내 버리도록 단단히 가르침을 줄 것이다. 나 역시 그런 마음을 겪었고 지금도 여전히 겪고 있다. 그것이 가능하다면 아마도 나는 지금보다 예전에 더 어리석었던 것 같다. 처음 성인이 되었을 때 모든 것이 충격이었다. 그리고 결혼을 했을 때는 나는 영원히 행복하게 살 줄 알았다. 그런데 아내가 죽었다. 다시 재혼을 했는데 이번엔 이혼하게 되어 또 충격을 받았다. 지금은 캐린과 결혼하여 27년간 행복하게 잘 살고 있다. 이 역시 훌륭한 충격이다. 이 또한 예기치 못한 일이다. 나쁜 일이 일어나지 않으리라고 생각하는 것은 너무 순진한 것 아닌가? 역사를 통해서 나쁜 일은 몇몇 사람에게만 일어났다고 생각하는 것은?

만물에 접근하는 또 다른 방식이 있다. 그것은 좋고 나쁜 일이 일어난다는 꿈에서 깨어나서 우리가 파도이며 또한 동시에 바다임을 깨닫는 것이다. 파도는 부서지고 흘러넘친다. 파도는 왔다가 사라진다. 바다의 입장에서 이것은 좋지도 나쁘지도 않다. 그저 바다일 뿐이다. 우리는 그저 바다다.

우리가 현재 알고 있는 선의 전통은 많은 부분 육조 혜능선사에게서 왔다. 젊은 시절 혜능은 가난하고 글을 모르는 나무꾼이었다. 그러다가 누군가 《금강경》을 독송하는 소리를 들었다. 붐! 그의 마음이 열렸다. 내게 잊히지 않는 《금강경》 구절은 부처님이 수보리에게 하신 말씀이다. "이 세상은 세상이 아니다. 그래서 잠시 세상이라 부르는 것이다." 한 번 생각해 보라. '세상'이라는 말에는 온갖 개념이 다 붙어 있다. 그것은 브루클린도 되고 뉴올리언스도 되고 서울도 된다. 하지만 이것이 이 세상의 참모습인가? 아니다! 모든 것이 다 이 세상이다.

우리 마음의 끝은 어디인가? 이 세상과 우리 마음이 다른가? 아니다! 우리 마음과 이 세상은 같은 것이다. 세상은 마음과 하나이고, 그 하나 속에는 주체와 객체가 없다. 우리는 그것을 불성이라고 부른다. 세상의 마음. 하나. 파도와 바다.

선수행은 그저 온정신이고 깨어나는 일이다. 삶에서 무엇이 중요한가? 이것이다! 우리는 오전에 수행센터에 도착하여, 선방에 가서 좌선하겠다는 생각을 한다. 그것이 선수행이지만 또한 실제 선수행은 아니다. 진짜 선수행은 한 발이 바닥에 닿았을 때 바닥을 깨닫는 일이다ー완전히. 다른 발이 바닥에 닿으면 그 바닥도 완전히 깨닫는다. 우리는 향을 켠다. 그때 향은 모든 것이다. 우리는 향내를 맡는다. 그것이 우리의 삶이다. 다른 곳에 삶이 있는 게 아니다. 그것과 그리고 내야 할 세금을 내고 원더랜드에서 개를 산책시키는 일이다.

도겐 선사는 바다를 이해하는 일 중 가장 중요한 부분은 바다가 말이 아니라는 것이라고 했다. '깨달음'은 말이지만 깨달음의 체험은 말이 아니다. '삶'은 말이지만 삶의 체험은 말이 아니다. '15년 후에 난 일흔 살이 된다'는 생각이다. 무언가가 일어나겠지만 그것은 아니다. '이것은 세상이다'는 개념이다. '죽음'은 개념이다. 여기엔 말 외에도 무언가가 일어나고 있다. 그 무언가는 하나이고 우리가 바로 그 하나이다. 그것이 바다다. 수행을 통해 누구든지 이런 안목을 실현할 수 있다.

모든 걱정은 앎에서 비롯된다. 나는 파산할 것이다, 나는 거리에 나앉을 것이다, 그러면 병이 걸릴 것이다, 그러면 나는 땅바닥에 상자곽을 놓고 거기 들어앉아 살며 상자 위를 쳐다볼 것이다, 아마도 우리 가족이 싸구려 상자곽을 사주었을 것이다, 개미가 기어들어오 겠지, 그리고 나는 개미 걱정을 할 것이다. 또는 그보다 더 상황이 나 쁘면 내 몸은 화장하여 몸도 없이 하늘나라에 갈 것이고, 또는 작은 상자에 담겨 벽난로 위를 장식하겠지.

이것이 때로 내 생각이 돌아가는 방식이다. 하지만 나는 이것 중 하나라도 실제로 아는 것인가? 하나라도 그런 방식으로 일어나는가? 우리가 어디로 가는지 우리는 아는가? 모른다면 괜찮다. 잊어버리면 그만이니까. 그럼에도 우리는 걱정과 불안, 두려움 덩어리인 또 하나 의 나를 돌보아야 한다. 그 '나'는 남들이 내가 새로 한 머리를 알아 보지 못한다고 마음이 상해 있다. 수행을 통해 우리는 참 나와 좀 더 친숙해지고 존재하는 모든 것과 우리의 모든 측면을 보는 안목과 자 비를 키워나간다. 거기엔 물론 잘못된 머리 스타일도 포함되어 있다.

자아는 우리가 사고와 느낌을 통해 끊임없이 강화하는 습관이다. 우리는 너무나 당연시하는 많은 것들로 프로그램되어 있다.

"분명 저는 에이다가 아니에요." 그녀가 말했다. "왜냐 하면 에이다의 머리는 긴 고수머리이고 저는 전혀 고수 머리가 아니거든요. 그리고 제가 메이블일리도 없어요. 저는 온갖 것들을 다 알지만 메이블은 아는 게 별로 없거든요. 게다가 그 애는 그 애고 저는 저잖아요. 어머나, 정말 혼란스러워요. 제가 전에 알던 것들을 지금도 아는지 한번 확인해 볼게요."

　나는 열일곱 살 때부터 수행을 시작했다. 구르지에프와 우스펜스키의 가르침에 근거한 제4의 길을 수행하는 집단과 함께 수행했다. 그렇게 몇 년이 지난 후 나는 구르지에프 재단에 좀 더 깊이 참여하고 싶었다. 이미 재단 일을 하고 있던 음악가가 내게 전화번호를 하나 주었다. 모든 절차에 비밀과 신비스러움이 있었고 내겐 그것들이 마법처럼 느껴졌다. 매주 같은 시간에 나는 그 번호에 전화를 걸어 재단 사람을 만나겠다고 요청했다. 매주 나는 다음 주 같은 시간에 전화하라는 동일한 답을 들었다. 나는 내가 얼마나 진심인지 시험받고 있는 거라고 생각했지만 어쨌든 나는 내가 원하는 것을 알고 있었고 결의도 굳었다. 마침내 그렇게 일 년 동안 전화를 한 후 제임스 와이코프라는 이름을 가진 수수께끼 같은 사람이 나를 만나겠다고 했다. 우리는 뉴욕의 바비존호텔에서 만났다. 로비에서 초초하게 기다리고 있던 내 앞에 제임스가 나타났다. 우리는 밖으로 나가 렉싱턴가에 있는 커피숍으로 들어갔다. 얼마쯤 이야기를 나눈 후 그는 내 눈을 똑바로 보며 말했다. "자, 원하는 것이 무엇입니까?" 그로부터

35년 후 겐포 노사에게 전법을 받았을 때 노사는 내게 마지막 공안을 주겠다고 했다. 그것이 무엇이냐고 묻자 노사는 말했다. "자네가 원하는 것이 무엇인가?"

'공작부인은 만사에 교훈타령이야.' 앨리스는 마음속으로 생각했다.

"그렇고 말고," 공작부인이 말했다. "그리고 그것의 교훈은 '네가 지금 그래 보이는 사람이 되는 거야. 또는 좀 더 쉽게 말하면, 과거의 너나 또는 과거에 네가 되었을 수 있는 사람이 그 이전의 너나 또는 그 이전에 네가 되었을 수 있는 사람과 다르리라고 상상하지 말고, 현재의 네가 다른 사람들에게 보이는 것과 다른 사람이리라고도 절대 상상하지 말라는 거야."

정말 분명하지 않은가? 그것이 바로 우리가 굴속으로 떨어졌을 때 일어나는 일이다.

좌선을 생각할 때 우리는 흔히 생각한다. "좋아. 나는 이제 쿠션 위에 앉아서 손을 제대로 잘 놓고 있을 거야. 아, 그런데 정말 지겹겠다." 그것이 지루하다고 생각하면 한밤중에 일어나서 걱정을 시작해보라. 그것이 얼마나 지겨운지 해보아라. 앉아 있는 것은 지겹지 않다. 그저 방법을 배우면 된다. 한동안 앉아 있으면 추가 프라이를 찾는 일을 잊어버린다. 우리가 초대형화할 필요도 없음을 깨닫는다. 이미 충분히 행복하기 때문이다. 우리의 정체성을 발견할 때—세상과의 친밀성, 한마음과의 친밀성—우리는 이미 꼭 알맞은 크기임을 알게 되니 그것은 바로 사이즈가 없는 것이다. 케첩을 건네주어라. 모든 나쁜 꿈은 사라지기 시작한다. 부모의 꿈, 정부의 꿈, 다른 정부의 꿈, 기업의 꿈 모든 꿈이 다 퇴각하고 우리는 《반야심경》이 묘사하는 그 자리에 도달한다.

> 눈도 귀도 코도 혀도 몸도 마음도 없고, 색채도 소리도 냄새도 맛도 촉감도 현상도 없고, 시각영역도 의식영역도 없고, 무지도 없고 무지의 끝도 없고, 늙음도 없고 죽음도 없으며, 늙음과 죽음의 끝도 없으며, 고통도 없고, 고통의 원인과 고통의 멸도 없으며 도道도 없고 지혜도 없고 득得도 없느니라.

그래서 보살은 깊은 지혜인 '반야바라밀'을 살아가게 된다. 그리고 '아제 아제 바라아제 바라승아제.' 즉 '갔네 갔네 저쪽 언덕으로 갔네' 그것이 이쪽 언덕이다. '저 멀리 갔네.' 그다음에는 '스바하' 즉 '야, 만세!'이다.

좌선은 잠시 다람쥐 쳇바퀴 돌기를 멈추는 방식이다. 이것은 현대적 방식으로 좌선을 묘사한 것이지만 그렇다 해서 석가모니부처님이 이의를 제기하실 것 같진 않다. 혹시 신이냐는 질문에 부처님은 아니라고 했다. 그럼 성인인가요? 아니요. 도인인가요? 아니요. 그럼 무엇인가요? 그러자 부처님은 말했다. "나는 깨어났어요. 저는 고통의 멸滅을 가르칩니다."

출래 말래, 출래 말래, 춤추지 않을래?

우리는 이제 고통의 멸을 가르치는 2500년 된 법맥을 가지고 있다. 하지만 그것은 고통에 관한 가르침만은 아니다. 대승불교의 교훈은 우리가 모든 고통을 멸하고 산으로 올라가서 즐겁게 지내는 것이 아니다. 우리의 깨달음은 우리만을 위한 것이 아니다. 모든 중생을 구하는 것은 집단적 노력, 상가의 노력, 세계의 노력이 필요한 일이다. 그것은 우리 각자에게서 출발하여 밖으로 뻗어나간다. 우리가 좌선의 자리에 앉을 때마다 우리는 세상을 위해 무언가를 하는 것이다.

좌선을 할 때마다 세상을 변화시키는 것이다. 그 이유는 우리가 바다이고 우리가 하는 일은 전체 바다에 다 울려 퍼지기 때문이다. 하지만 그것은 우리가 그것을 깨달을 때만 사실이다. 우리가 그리하려고 노력할 때만, 우리가 수행할 때만 사실이다. 수행 없이는, 간절한 수행 없이는 그것을 깨달을 수 없다.

우리는 "이것을 믿으라"고 말하지 않는다. "저것을 믿으라"고도 하지 않는다. 우리는 "이것이 길이다"라고 하지 않는다. "저것이 길이다"라고도 하지 않는다. 대신 우린 말한다. "우리는 모른다" 이것은 철학이 아닌 수행이다. 우리는 모두 행복한 식사를 원한다. 원더랜드를, 깨달음을 원한다. 그것은 다름 아닌 우리 삶에서 매 순간 깨어 있는 것이다.

출래 말래, 출래 말래, 춤추지 않을래?

도겐 선사는 우리 법맥에서 가장 유명한 선사이다. 그는 13세기에 일본에서 중국으로 여행했다. 그는 멀리 여행을 가서 긴 세월 열심히 수행하며 많은 의미 있는 이야기를 들었다. 마침내 그는 중국인 스승이 학생들에게 가르친 것을 체험했다. "몸과 마음이 떨어져 나간다." 도겐 선사는 그 모든 것을 다 내려놓았다. 모든 생각, 모든 개념, 자신이 누구인지에 대해 그동안 배운 모든 것들을. 땅이 무너졌고 그는 굴속으로 끝까지 떨어졌다. 그는 절대 잃어버린 적이 없는 것을 깊이 체험했다. 그것은 우리의 끝없는 삶과 죽음, 즉 원더랜드였다.

마지막으로 언니는 여동생이 이후 어떻게 성인 여성이 될 것인지 그려보았다. 그리고 삶의 후반에도 어린 시절의 단순하고 사랑으로 가득한 마음을 어떻게 지켜나갈지 생각했다. 동생이 어린 자녀들을 모아놓고 신기한 이야기를 들려주며 그들의 눈을 반짝이게 하는 장면도 상상했다. 아마도 동생은 오래전에 꿈꾸었던 원더랜드 이야기를 해줄지도 모른다.

원더랜드 앨리스의 선禪 이야기

1판 1쇄 펴냄 2010년 12월 15일 ● **저자** 대니얼 도엔 실버버그 · **옮김** 진우기

펴낸이 이자승 ● **펴낸곳** 아름다운 인연 ● **출판등록** 제 2003-120호 ● **등록일자** 2003년 7월 3일

주소 서울시 종로구 견지동 13번지 대한불교조계종 전법회관 7층 ● **전화** 02-733-6390 ● **팩스** 02-720-6019

홈페이지 www.jogyebook.com

ⓒ 대니얼 도엔 실버버그, 2010

ISBN 978-89-93629-37-8 03800

도서출판 아름다운인연은 (주)조계종출판사의 자회사입니다.
저작권법에 의하여 보호를 받는 저작물이므로 무단으로 복사, 전재하거나 변형하여 사용할 수 없습니다.